「変」なクラスが世界を変える！

ぬまっち先生と6年1組の挑戦

沼田晶弘

Numata Akihiro

中央公論新社

はじめに

すべてのクラスが「世界一」になれる

この本は、2016年の3月に卒業し、ボクが〈5代目・世界一のクラス〉と呼んでいる、東京学芸大学附属世田谷小学校5年1組―6年1組の子どもたちとの記録を中心にまとめたものです。

最初に断っておきますと、ボクにとって〈世界一のクラス〉は一つではありません。ボクは世田谷小で2007年度に3年生を初タンニンして以来、現在までに六つのクラス（2学年持ち上がりは1クラスとして）をタンニンしましたが、ボクにとってはすべてが唯一無二の〈世界一のクラス〉なんです。なので、この本には〈○代目・世界一のクラス〉がいくつか登場してきます。詳しくは別表をご覧ください。

この本の主役である2014―15年度の5年1組―6年1組は、その中でもひときわ「変」

なクラスでした。そして、ボクが初めて、小学校教師としてやりたいことが全部できたと思えたクラスでもありました。

その達成の象徴が、第8章で詳しく書いた、帝国ホテルでのディナーとリムジンでのドライブという「世界一の卒業遠足」です。ボクたちのクラスで行ったことは、小学校の常識からはどれも一見型破りかもしれないけれど、ボクは教育者として「ど真ん中の直球」を投げ続けたと自負しています。そんなボクのボールを、子どもたちはしっかり受け止めてくれたのです。

ボクたちが工夫したユニークな授業の数々は、他の学校でもきっとできるはず。もちろん、学校によっていろいろ状況が違うでしょうから、いきなり全部はムリかもしれないけれど、使えそうなところをアレンジして、ぜひ使ってみてほしいのです。そして、どうアレンジしたかをボクに教えてくれるとさらにうれしいです。

「変」は変わっているという意味だけでなく、本能寺の変のように、歴史用語で「成功した革命」を表します。「日本の教育を変えるのはオレたちだ！」と6年1組の子どもたちは思っていたし、あの子たちなら、きっとこれから世界さえも変えると、ボクは本気で思っているのです。子どもと先生が目標をしっかり共有できれば、すべての学校の、すべての学級が〈世界一のクラス〉になれる——。ボクはそう信じています。

この本の構成について少し説明します。1学期、2学期、3学期、そして卒業と、基本的に

2015年度の6年1組の1年間の流れを追う体裁になっていますが、ボクの教育的考え方や授業メソッドの成り立ちをわかってもらうため、彼らが5年生の時のことや、ボクが別の年にタンニンした違う学年のエピソードも多く出てきます。そのため、時間や場面があっちこっち飛ぶことがありますが、うまくついて来てください。この本は、子どもたちの成長記録であるとともに、ボクの教師としての成長記録でもあります。

タンニンは漢字で書くと「担任」ですが、ボクは学級通信でもずっとタンニンと書いてきました。漢字だと何だか偉そうだし、ボクと子どもたちとの関係を考えると、カタカナの方がふさわしいと思うからです。なので、この本でもタンニンと記しています。

それでは、ボクたちのクラスにご案内しましょう！

2017年7月

沼田　晶弘

History

ぬまっち先生と〈世界一のクラス〉たちの歴史

年度	クラス	主な出来事	備考
2006	4年2組	12月に世田谷小に副担任として赴任。落ち着きのないクラスを2本のロープを使った縄跳び「ダブルダッチ」で立て直す	
2007	3年3組	4月、正式にクラス担任になる	
2008	4年3組	都立広尾病院や近隣の幼稚園、老人ホームで子どもたちのダンスショーを開く	初代世界一
2009	3年1組	クラス内「内閣制度」発足 保護者向け学級通信としてブログ開設 2学期の社会科で「スーパーマーケットのヒミツを探る」	
2010	4年1組	カップめんの作り方を作文にする「ドラマチック・カップラーメン」 2〜3学期の総合学習でクラス映画『This is ○○〜世界とおどる4－1』製作	2代目世界一
2011	2年2組	4月、「ダンシング掃除」の誕生 1学期に「ワードバンク」の方法確立 2学期に計算トレーニング「U2」、「ひらがなプロフェッショナル」を実施 2〜3学期に「時代おくれの2からディナー」実施	3代目世界一

2012　5年3組
2学期に初めて「勝手に観光大使」を行う
クラス内仮想通貨を導入した「Action World」実施

2013　6年3組
東京ビッグサイトで開かれた「エコプロ」の Green Power Project で発表

4代目世界一

2014　5年1組
「3代目世界一」から3分の1の子どもたちが「5代目世界一」に持ち上がる
4月、「ダンシング掃除」復活。2学期からももクロの曲を踊り始める
5月、運動会リレーでパーフェクト優勝
2学期に「勝手に観光大使」。全国の知事にプレゼン資料を送る

2015　6年1組
5月、運動会リレーで2連覇
プロジェクト制を導入、「夢の卒業遠足」の目標を立てる
6月から、「ティーチャー系授業」開始
7月、「ナニコレ珍百景」でダンシング掃除紹介
2月、夢の卒業遠足を実現。「タッチバスケ」リーグが立ち上がる
3月、卒業の会

5代目世界一

2016　3年3組
5月、運動会リレーで優勝
「ワードバンク」復活
「クリティカルディスカッション」の方法を確立

2017　4年3組
5月、運動会リレーで辛くも連覇達成

6代目世界一

2006年の4年2組および「2代目世界一」は、前作『ぬまっちのクラスが「世界一」の理由』（中央公論新社、2016年）を参照。

装幀／國枝達也
本文デザイン・DTP／コイデマサコ
構成／石田汗太

写真提供／著者（p11、18、75、76、78、81、125、241、260）
読売新聞社（上記以外）

1学期

1 踊る教室

ここは2015年の6年1組の教室。給食が終わって、子どもたちが「ごちそうさま」の挨拶をすると同時に、ボクがノートパソコンで、ももいろクローバーの「行くぜっ！　怪盗少女」を流します。教室に設置されたスピーカーから、ノリのいいリズムが響き渡ります。子どもたち38人が一斉に机といすを動かし、ほうきで床を掃き、ぞうきんがけをします。最大の見せ場はサビの部分です。

〈笑顔と歌声で　世界を照らし出せ～♪〉

ここで全員、ほうきとぞうきんを床に置き、ももクロの振りそのままで激しくダンスします。見事に揃ってキレもいい。サビが終わると、スパッと掃除に戻ります。これを繰り返しながら掃除を終えて、最後は全員の手拍子で締め。

これがその年の夏、全国的に有名になった6年1組名物「ダンシング掃除」です。

この模様はテレビ朝日系のバラエティ番組「ナニコレ珍百景」や、フジテレビ系の「みんなのニュース」で紹介されました。テレビを見た方は「何て変なクラスだ」と思ったかもしれません。しかし、子どもたちにとっては毎日やっている活動なので、特に変わったことをしているという意識はなかったんです。

意外かもしれませんが、**音楽をかけると掃除が素早くなります。**「行くぜっ！　怪盗少女」の後、「星のカービィスカイハイ」、「ルパン三世」のダンスバージョンなどを流してトータル7分くらい。ボクが指示するのは、「曲が終わるまでに掃除を終えてね」、それだけです。

すると子どもたちは勝手に工夫し始めます。どうすれば効率的に掃除できるか、ムダな動きを省けるかを、徹底的に研究するんです。

小学生にとっては、活動しながら時計を見たりして時間を意識するのは難しい。曲をかければ、耳で自然と「活動を終えるまであとどれくらいか」を知ることができます。実は大人も同じなんですよ。朝の情報番組がそうでしょう。毎日同じ番組をやっているから、このコーナーが始まるころには家を出ないと、みたいな。

掃除をしながら曲に合わせて踊り出す6年1組の子どもたち

早く掃除を終えれば、それだけ休み時間が増えたり、次の活動を始められたりするので、子どもたちにとってもメリットがある。実際、ダンシング掃除で掃除のスピードはどんどん上がっています。

「じゃあ何で、わざわざ途中で掃除を止めて踊るの？」と聞かれそうですが、その教育的理由については後ほど説明します。ただ、踊っている子どもたちは楽しそうだし、保護者や給食のおねーさんたちもダンスを見物に来るし、テレビ取材も入るし、それをまた子どもたちが喜んでさらにやる気になるので、まずは結果オーライなんです。

＊

「ダンシング掃除」のルーツは、約20年前、ボクが東京都目黒区の小学校に教育実習生として行っていたころまで遡ります。

その学校の、6年生の体育の時間でした。準備体操にどうも時間がかかるなぁと思いました。〝実習生あるある〟で、この時はアレもコレもとやりたいことだらけで、いろいろ詰め込んじゃったんですよね。準備体操の時間も惜しかったのです。でも、子どもたちは真面目にやっていて、別にサボってるわけじゃない。どうしてかな？　と観察すると、ストレッチとストレッチの間の姿勢の切り替えに意外と時間を食っていることがわかりました。それぞれはわずかな時間でも、積もり積もるとけっこうなタイムロスです。

ふと思いついて、クラスのおしゃまな女の子を集めて、「準備体操を曲に乗せてみない？」と持ちかけてみました。当時、デンマークの姉妹歌手Ｍｅ＆Ｍｙの「Ｄｕｂ－Ｉ－Ｄｕｂ」という曲が流行っていました。それに合わせて体操させてみたら、３分ちょっとで終わった。みんな自然に曲の長さとテンポに合わせて、全体的にキビキビするようになったんです。

これはイケると思い、放課後、クラス全員を集めて、校庭の隅っこで「Ｄｕｂ－Ｉ－Ｄｕｂ」をかけながら、子どもたちに「振り付けのつもりでストレッチ運動を考えてみてよ」と勧めてみました。これが学校活動で曲を使った最初です。

世田谷小に赴任して、２００７年に初めて3年生のタンニンになった時、やはり掃除に時間がかかるので、「3曲かけるから、その間に終わるように掃除して」と言ってみました。ＥＸＩＬＥとかノリのいい曲を流して、３曲で計10分くらい。その時は途中でダンスはさせていません。その時間内で掃除が終わるようになると、「そろそろ飽きたから曲変えるわ」と、だんだんアイドル系の曲を入れていきました。なぜって1曲が短いから。子どもが知らないうちに、こっそりハードルを上げるのがボクの得意技です。最近はよくバレますが。

以後しばらく、毎年タンニンするクラスで掃除の時に曲をかけ続けました。

２０１１年に2年2組のタンニンとなり、ＳＭＡＰの「世界に一つだけの花」を流した時、同じことやってはつまらないから、サビの〈そうさボクらは〜♪〉で、「みんなで踊ったら面白いんじゃね？」と思ったんです。ほんの思いつきでした。

「ここのところは掃除しちゃいけない。必ず踊るように！」

ボクが急に言い始めたので、子どもたちはビックリしたはずです。でも、楽しいことに敏感な彼らは、すぐに喜んで踊り始めました。この時はボクも一緒に踊り、サビをみんなで合唱までしていたから、隣のクラスは何事かと思ったことでしょう。

＊

これが「ダンシング掃除」誕生の瞬間です。授業参観の時に保護者に披露すると、もう大受けです。大人はみな夢中でデジカメやビデオカメラを構えていました。掃除というより、もはやアイドルのステージです。

思いつきで始めたことではありますが、ダンシング掃除は教育的に間違ってないぞ、とボクはまもなく確信しました。ダンスが終わると、子どもたちはお互い「そっち、やって！」「急ごう！」と声かけをします。サビの部分で掃除を中断して踊るルールは、子どもの中のオンとオフのスイッチを鍛える効果があると気づいたんです。ボクのゲーミフィケーション理論では、課題・制限・報酬と言っていますが、3曲の間に掃除を終えるという「課題」を与え、その上であえておあずけ状態＝「制限」を作ることで行動に緩急がつき、集中力が途切れないようになります。子どもたちはみんなで踊りたいから、さらなる掃除のスピードアップを追求する。「報酬」は踊る楽しさと休み時間の長さです。義務的になりがちな掃除の時間が、面白く楽しいものになるんです。

その翌年、２０１２年度からタンニンした5年3組―6年3組の2年間は、曲は流しましたがダンスはやりませんでした。２年生だから喜んで踊っていたけれど、さすがに高学年では乗ってこないだろうと思ったからです。

それが、ひょんなことから復活したのが２０１４年の春、ボクが再び5年生を持った時です。世田谷小は各学年が3クラスのため、3分の1が２０１１年度の2年2組の出身でした。つまり、ダンシング掃除のパイオニアたちが、２年たってまたボクのクラスに戻ってきたわけです。

この5年1組が始まる時、試しに掃除の時に「世界に一つだけの花」を流してみました。すると、２年２組の出身者は顔を見合わせて「踊ろうか？」みたいな感じでサビの部分で踊り始

2011年、「世界に一つだけの花」を踊り歌いながら掃除する2年生の子どもたち。この瞬間「ダンシング掃除」は誕生した

める。「おっ、結構覚えてるもんだねえ」とボクは感心しました。高学年だからやらないだろうと思ったのはボクの間違いだったかも。これはイケるんじゃないか。

他のクラス出身者も、「あ、ここは踊るのね」と何となくつられて踊り始めました。こうして、気がつけばクラス全員が踊っている。ダンシング掃除は、最初はこのようにゆる～くスタートしたのでした。

＊

この5年1組が2015年度に6年1組に持ち上がり、この本の主役である〈5代目・世界一のクラス〉となります。ちなみに、その前の6年3組は〈4代目〉です。

でも5年生の1学期は、彼らはまだまだ〈世界一〉には程遠く、物足りないところばかりでした。みんなすごい能力があるのに、どうもいまひとつハジけていない。他人を気にしてやりたいことを控えてしまったり、恥ずかしがったりする気持ちが強すぎる。何とかしてこの殻を破れないものかと思っていました。

そんな時、たまたま何かのテレビで見たのが「ももいろクローバーZ」だったんです。実はその時はあまりよく知らず、一部に熱狂的人気があるアイドル集団くらいの知識でした。でも、コンサート映像を見た時、「すっげぇな！」と思ったんですよ。これだけ歌いながら激しく踊るとは、なかなかできることじゃない。これだ、あの子たちにコレをやらせよう！

ももクロなら子どもたちはよく知っています。「掃除でかける次の曲はこれだ！」と、「行くぜっ！　怪盗少女」の映像をガンガン見せて振りを練習させました。そして、9月の2学期から「新ダンシング掃除」がスタート。「世界に一つだけの花」に比べ、曲のテンポも激しさも段違いです。

ボクの狙い通り、ももクロで子どもたちはハジけました。世田谷小の全校集会「みんなの広場」で堂々とダンスを披露するまでに自信をつけ、たくましくなったんです。

＊

この約10か月後、6年生の1学期に「ナニコレ珍百景」に出ることになったのは半ば偶然です。5年生でももクロを踊り始めたころ、教育実習生で来ていた大学生のHさんがダンシング掃除を見て仰天し、その後もボクたちのクラスに研究のため通ってきていました。そのHさんが、「これ、〝珍〟だよ！　テレビに絶対出られるよ！」と子どもたちに熱心に勧めたのです。しかし彼らはすっかりダンスが日常化していたので、最初は「はぁ？　何言ってんの」という反応だったとか。

その後、「ナニコレ」の番組資料を調べて、話し合ってエントリーを決めたのは子どもたちです。「今まで学校系の〝珍〟はほとんどないから、イケるんじゃない？」と。当時、実はダンシング掃除は別の曲目で踊っていましたが、インパクトを考えて、ももクロで応募することを決めたのも子どもたちでした。

ボクはｉＰａｄで撮影はしたけれど、応募にはほとんど何もタッチしていません。すぐにテレビ局のクルーが撮影にやって来ました。収録は撮り直しなしの一発ＯＫ。２０１５年7月15日に放送された番組では、惜しくも「ＭＶ珍」は逃しましたが、きちんと「珍定登録」されました。その証拠としての記念クッションは、卒業までずっと教室の黒板の上に飾ってありました。この後、取材などが増えたため、ももクロ掃除はしばらく6年1組の定番として復活したのです。

そのきっかけを作ったＨさんは、大学の卒論テーマにこのダンシング掃除を選びました。ボクにとっても指摘されて初めて気がついたことが多かったので、Ｈさんの許可を得て、この論文をもとにボクたちの掃除をあらためて分析してみることにします。他の学校でも参考になるかもしれないと思うからです。

＊

まず、ダンシング掃除の流れは次の通りです。

・給食の「ごちそうさま」とともに曲が始まり、掃除開始。給食の配膳台はある程度片付けたら、掃除の妨げにならないように廊下に出す。
・掃除の固定された当番（ほうき係、ぞうきん係など）はない。各自やるべきことを見つけて掃除をする。
・毎日同じ3曲が掃除開始とともに連続で流れる。曲は一定期間が過ぎたら、教師と子どもたち全員で話し合い、新しく選曲する。（基本3曲ですが、目標タイムや曲の長さによって2曲になることもあります。）
・サビの部分では必ず掃除をやめ、全員でダンスを踊る。サビが終わったら掃除を再開する。（ちなみにダンスの練習は、休み時間に子どもの自主的なプロジェクトであるADO＝「新しいダンス教える」のメンバー主導で行われます。これらのプロジェクトについては第5章で詳しく説明します。）
・3曲目が終わるまでに掃除を終え、全員が着席していなければならない。最後は全員の手拍子で締め、そのまま昼休みとなる。
・教師はパソコンで音楽を流すが、掃除に関して特に指示はしない。サビの部分は一緒に踊ることがある。（ボクは掃除の間、子どもたちから受け取った日記に返信を書いています。）

テレビの画面では、派手で見栄えのいいダンスの部分だけが強調されやすいのですが、本当に見てほしいのは、実はそこではありません。

一般的な小学校では、ぞうきん係やほうき係など、役割別の掃除当番があるのが普通だと思います。しかしボクたちの掃除は「あらかじめ固定された係がない」「各自やるべきことを見つけて主体的に行動する」という点が大きく違います。係を決めると、ほうきチームが机を運んでいるのをただ見ていたり、ぞうきんチームがほうきが終わるのを待っていたりと、時間のロスが発生しがちだからです。

ただし、子どもの適性に応じて専門化することはあります。その結果、「黒板掃除のプロ」の子が生まれたりします。これはポジティブな意味での固定化。「教室を効率的にキレイにする」というゴールの共有と信頼関係があるからこそ「黒板の専門家」がクラスで認められる。単に「黒板しかやらない子」ではないのです。

より詳しく、子どもたちの動きを見ていきましょう。

給食を終えると、「ごちそうさま」の挨拶で掃除に取りかかります。何人かの子どもが廊下のロッカーにほうきを取りに行きます。机を後ろに寄せて、ある子が掃き掃除を始める一方、別の子はぞうきんを濡らすために廊下の端にある洗い場に行ったり、黒板の掃除を始めたりします。誰も指示する人はいません。他の子どもの動きを見ながら、自分のやるべき仕事を決めているのです。

ほうきチームが床を掃いたら、その後をぞうきんチームが追いかけます。その後をさらに机運びチームが追いかけます。どこかのチームの人数が少ないと見るや、自分の判断でほうきからぞうきんに移るなど、柔軟に役割を変えていく子もいます。

曲のサビの部分が来ると、一斉に掃除を止め、ほうきやぞうきんをその場に置いて踊ります。教室で全員そろって踊るためには、廊下や洗い場からいつ戻るかを、曲を聞きながら頭の中で計算する必要があります。

汚れたぞうきんは2、3人が取りまとめて洗い場に運んですすぎます。みんなが洗い場に行っても蛇口の数に限りがあるし、教室内が手薄になるからです。曲を聞いていて、いつものペースより遅れていることがわかると、「みんな急げ!」「まだここ汚い!」とお互い声かけが始まります。ぞうきん洗いの子どもが席に戻り、ほうきがすべてロッカーに収まったところで、全員着席して一斉に手拍子。パパパン、パパパン、パパパン、パン! で昼休みになります。

*

このように、ダンシング掃除は、**クラス全体が生き物のように一つのチームとして動くシス**

テムです。ひとりひとりが全体を見ながら、自分のなすべきことを判断して行う。その結果、チームとして最高のパフォーマンスが発揮できる。ピッチ上のサッカーチームに似ているかもしれません。

傍からは遊びにも見えるかもしれないダンスは、その「チーム感」をアップするための重要な要素です。ボクが与えた目標はただ一つ、「曲が終わるまでに掃除を終える」ということだけです。あとは子どもたちが自分で考え、勝手にシステムを改善していったんです。子どもには、そういうすごい力が自然に備わっているのです。

Hさんの計測によると、6年1組で音楽なしで掃除をした場合と、ありで掃除をした場合とでは、最大2分半の差（もちろんダンス時間は抜いて）があったそうです。子どもたちが一番早く掃除を終えた曲は三代目J Soul Brothersの「R.Y.U.S.E.I」でした。ちなみに、Hさんのアンケートでダンシング掃除が「楽しくない」と答えた子どもは一人もいませんでした。

＊

児童生徒が学校の掃除をしているのは、アジア諸国と一部のアフリカの国だけだそうです。アメリカやヨーロッパでは専門の業者が行うのが普通だとか。どうやら、仏教的な伝統がある国では子どもに学校の清掃をさせることが多いようです。

小学校学習指導要領では、学校清掃には「働くことの意義の理解」や「公共の精神を養い、社会性の育成を図る」という教育的意義があるとされています。２０２０年に施行される次期学習指導要領では「道徳」の教科化が大きな話題になっていますが、ボクは掃除ひとつでも、**「みんなで力を合わせて働くことの楽しさ」や「社会の中で主体的に自分の責任を果たす大切さ」は学ぶことができる**と思っています。さらに、毎日リミット時間内で掃除を達成するという成功体験の積み重ねも大きい。ダンシング掃除は、いろいろな意味で、ボクのクラスに必要不可欠な学びのシステムの一部になっているのです。

その時の６年１組がお気に入りだった曲は、ほかに嵐の「GUTS!」などがあります。２０１６年度からボクがタンニンしている３年３組—４年３組で人気なのはRADIO FISHの「PERFECT HUMAN」や、恋ダンスで有名になった星野源の「恋」など。RADIO FISHの２０１７年４月の新曲「進化論」は、子どもたちはなんとリリース３日でダンシング掃除に取り入れていました。

最近ではボクが提案するまでもなく、子どもたちが率先して「この曲をやりたい！」と提案するようになっています。ダンシング掃除は、子どもたちの手で今なお進化し続けているのです。

2 アナザーゴール

現代の小学校と、江戸時代の寺子屋との一番大きな違いは何でしょう?

寺子屋は「学びたい」と思っている子たちが集まるけれど、小学校は「義務教育」だというところではないでしょうか。読み書きを熱心に学ぶ子が集まった寺子屋のために、日本人の識字率がグンと上がったらしいですが、現代の小学校は原則、みんなが行くところです。外で遊びたくても、授業中は教室で勉強しなきゃならない。みんながみんな、ものすごく勉強したい子とは限らないわけです。

そんな小学校で、先生たちの最大の悩みは、大人が学んでほしいと思うことに、子どもたちがいつも興味を示すわけではないことでしょう。

例えば「日本の農業について学ぼう」という単元があって、「好きなテーマで考えていいよ」と先生が言ったとします。でも、子どもはあまり乗ってきません。よく知らないことには興味がわかないからです。野菜はスーパーでいつでも買える。いちごみたいな果物も最近は旬と関係なく売り場に並んでいる。自分たちが食べているものが、どう作られて食卓まで来ているのか、子どもの頭の中でつながっていないから関心がない。何を考えればいいのかが、そもそもわからないのです。

だからと言って、子どもが興味あること、やりたいことばかりやらせて、それで教育になるでしょうか。授業は楽しかったけれど、中学生になっても九九が分からなかったら、その子は将来もっと困ることになります。

「最初は興味なくても、やってるうちに面白くなるさ」という意見があります。苦しくても我慢させて続けさせよう。だって、その子のためなんだから。大人は自分が経験したことを振り返るから、なぜ学ぶかをわかっている。学んでおいたら得だなって知っている。「学校でもっと勉強しとけばよかった」と後悔したりもする。でも、これから人生を経験する子どもたちは、大人がどんなにそう力説しても、いまいちピンときません。

とは言え、「オマエのためだ」と子どもの頭を無理やり押さえつけて勉強させるのは限界があると思います。「教育的理想ばかり高くて、子どもにとっては遠すぎるゴール」というのは、なかなか達成が難しいのです。

＊

ボクは小学生の時、勉強が嫌いでした。先生の言う通りやっても、なかなか楽しいと感じることができなかった。だから小学校の先生になった今、「どうやったら子どもにとって勉強が楽しくなるのか」をいつも考えています。

そこでボクが編み出した作戦が**「アナザーゴール」**です。

遠い最終ゴールでなく、目の前に達成しやすい「もうひとつの小さなゴール」を出してあげる。それがクリアされたら、少し先にまた別の小さなゴールを出す。これを繰り返しているうちに、あら不思議、いつのまにか大きな最終ゴールにたどり着いているというわけです。

アナザーゴールの秘訣は、子どもに、**本来の目的とは違うように見えても、まずは意欲的に取り組める課題を与える**ことです。それは馬の鼻先にニンジンをぶら下げるようなスモールステップになる場合もあるし、後述する例のように、どんどん深く掘り下げて調べたくなるような大きなステップになる場合もあります。

2014年度の5年1組の時、社会科の地理で「日本について学ぼう」という単元がありました。自分の好きな都道府県について調べよう。いろいろな観光地について発表しようというものです。

……うーん、このままでは子どもたちは食いつきそうにない。反抗期の5年生ならなおさらです。「調べたきゃ自分で調べれば？」とか言われてしまいそうです。

「とにかく勉強だからやりなさい」と言うことも、もちろんできます。「やってるうちに面白くなるだろう」という、例の淡い期待を抱きながら。でも、子どもたちは最初こそ従いますが、持っても3日くらい。だんだん意欲が下がって、学習効果が薄くなっていきます。あの手この手で授業と関係ない話題に持っていこうとしたり、あるいは、当たりさわりのない、誰でも知ってるような答えを並べてさっさと終わらせようとしたりします。先生がこれを許してしまうのはよくありません。安易なやっつけ体験をいくら積み重ねても、学習意欲は上がらないのです。

どうしたら彼らのやる気に火をつけられるのか？

そんな時、ボクは子どもたちをじっと観察します。教育の世界ではこれを「見取り」と言います。

その時の5年1組の「特徴」はこうでした。

(1) 面白いと思ったことはトコトンやる

まあ当たり前ですね。逆に言うと、やりたくないことは徹底的に嫌がります。

(2) コンピューターが好き

これはいまの世代ならでは。パソコンをいじらせるといつまでも離れないし、どんどん上達します。

(3) 変なことや新しいことが好き

これは……ひょっとしたらボクの影響かもしれません。

（4）リアルな世界に触れるのが好き

教室の中だけで「よくできました」と褒められるより、学校の外に出て、大人に感心されるのが好き。社会で使えるようなスキルも大好きです。

（5）ゲームが好き

やっぱり競争や勝負がなくちゃ面白くない。じゃんけんだって、勝った時の報酬があるから燃えるんです。

以上のことは、ボクたちのクラスだけでなく、世の中の多くの小学生にも当てはまると思います。さて、こんな子どもたちが、日本全国の地理を学びたくなるようなアナザーゴールとはなんだろう？

そこでボクが子どもたちに提案したのが、「勝手に観光大使」というプロジェクトです。子どもたちが「勝手に」各都道府県の観光大使に就任し、その良さを「勝手に」アピールする、というものです。最初にやったのは２０１２年度の5年生で、２０１４年度のこの時は2回目でした。

最初子どもたちは「え～、勝手にやっていいの～？」「観光大使？　そんなのムリ」とかいろいろ言ってきました。そこは予想通りなので、ボクが「いいんだよ、『勝手に』なんだから！」と言い張ると、だんだん「そうか、『勝手に』だもんね……」と、「勝手に」というフレーズに食いつき始めました。

アナザーゴールその1は、**「勝手に」という言葉の面白さ**です。

この機を逃さず、まずは子どもたちに好きな都道府県を選ばせました。おじいちゃんがいるとか、よく旅行するとか、一度行ってみたいからとか、理由はそれぞれです。ここで機械的に割り振っても意欲が上がらないので、好きな県を選ばせ、都道府県のかぶりはＯＫとしました。担当者のいない空白県も結構ありました。東京都、神奈川県、埼玉県、千葉県などは近すぎたせいか手が挙がりませんでした。それはそれでいい。

「おーし、今からコンピュータールームに行こう。パワポでプレゼン資料を作るぞ！」

コンピュータールームとは、パソコンが複数台使える教室です。ここで子どもに深く考えるヒマを与えないのが大事。一晩たつと「やばっ、勉強やらされそうになってる！」と気づかれてしまいます。ボクは突然思いついたフリをしていますが、もちろんしっかりコンピュータールームを事前予約しているのです。

パワポとはパワーポイントのことで、パソコンを使ってスクリーンに投影する資料を作成するソフトです。会社の会議や、顧客へのプレゼンテーションや、大学の講義などでよく使われますが、小学生にはあまり縁がないはずです。使う機会がないからでしょう。「大人が使ってるのと同じ」というのが肝心。ここで、彼らのやる気がまたぐっと上がります。

アナザーゴールその2は、**「○○を調べよう」ではなく「パワポでプレゼンしよう」**というところです。

子どもはパソコンを使うのが大好きです。しかも飲み込みが早い。初めてのソフトでも、すべてのコマンド、あらゆるボタンをどんどん試していきます。この辺の好奇心の強さは大人の比ではありません。

子どもにインターネットを使わせるのは危ないんじゃないかという意見があります。しかし、インターネットは情報収集が早い。プレゼン資料を作るためにはネット検索が欠かせません。危ないから使わせないという選択をボクはしたくありません。だから、検索をやらせる前に40分かけて「ネットリテラシー」について教えました。「こういうボタンが出てきたら押しちゃダメだ!」と。危ないからと禁止するのではなく、何が危ないかを

6年生になると、パワポが得意な子が他の子に伝授する「パワポティーチャー」まで現れました

きちんと教えた上でやらせる。そうすることで学びの効果が一つ上がります。

時にパソコンの動作がおかしくなることもありますが、「これだけは覚えろ！」と教えた必殺ワザは、「パソコンから手を離して深呼吸。それから『戻る』ボタンを押せ！戻った後は必ずセーブ！」。これさえできれば、パソコンはさほど怖くありません。

その後、パワポに習熟する子が出てくると、子ども同士の学び合いも起こりました。うまい子のプレゼンをプロジェクターで大写しにすると、「どうやって作ったの？」と、別の子どもたちがその子のところに聞きに行く。「おー、そんなことできるの！」「そのアイデアいただき！」と、競争意識も働いて、子どもたちの間で「勝手に」工夫が始まっていったのです。

「勝手に観光大使」たちの成果発表の場は、２０１４年10月の「藤の実フェスタ」にしました。「藤の実フェスタ」とは、世田谷小で年に一度、保護者の皆さんを呼んで、子どもたちがふだんの学びの成果を披露する学習発表会です。

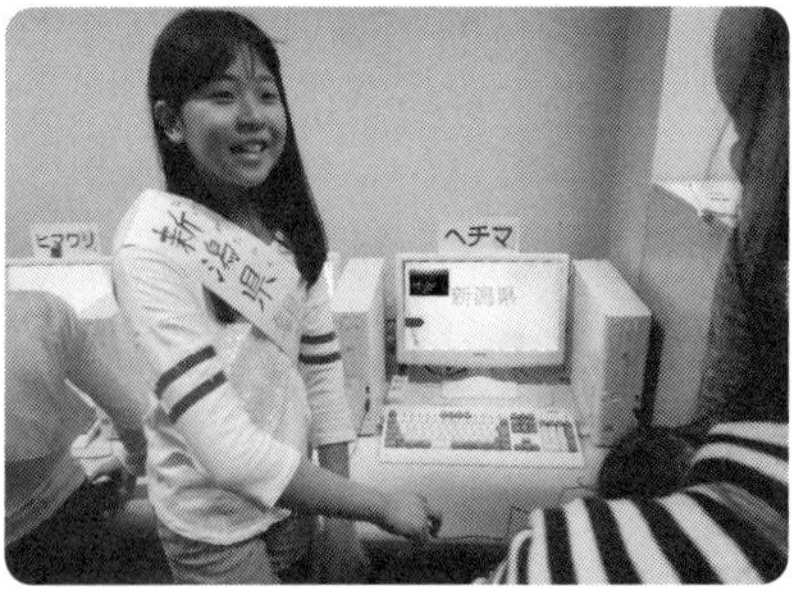

2014年の藤の実フェスタで5年1組が発表した「勝手に観光大使」。小学生がパワポを駆使して大人にプレゼン！

「来場する保護者に各県の観光大使がそれぞれプレゼンする。そして『どこに一番行きたくなったかコンテスト』をやろう！」とボクは言いました。

アナザーゴールその3は、**「社会のお勉強」でなく、あくまで「プレゼン力コンテスト」**にしてしまったことです。

「藤の実フェスタ」での発表は大人に大好評でした。各県の観光地、特産物、方言に至るまで、子どもたちが写真をふんだんに使って紹介するものだから、その地方出身のお父さんやお母さんはとくに大喜びで懐かしがっていました。

子どもには「コンテスト」と言って煽りましたが、実はそんなことどうでもよくて、子どもたちがリアルに感心する大人の反応に満足し、自分のプレゼンの出来に満足できればそれでいいのです。結局、投票は行われなかったし、子どもたちもそれを求めていませんでした。達成感に満たされた子どもたちは、投票のことなんて誰も覚えていなかったと思います。

本来の教科書的ゴールは、「日本を学ぼう（社会）」「表現力をつけよう（国語）」の二つです。でもボクは、その最終ゴールを子どもたちに示しませんでした。代わりに与えたのが、「勝手に観光大使になる」「ネットとパワポでプレゼン資料作り」「大人にプレゼンしてコンテスト」という別々の三つのゴールだったのです。

＊

さて、子どもたちがこれだけ力の入ったプレゼン資料を作ったんだから、もっと面白いことができるんじゃないかとボクは思いました。これを利用して、もっと書く力を学べるような方法はないか？

「おーし、これ、全部の知事に『勝手に』送るぞー！」

だって、せっかく作った「勝手に観光大使」なんだから、その**都道府県の知事に見てもらいたい**じゃないですか。これが、アナザーゴールその4です。

パワポ資料を各自でプリントアウトして、そこにプレゼンのトークを全部書き込ませました。自己紹介と、どうしてこういうものを作ったのかを説明する手紙を自分で書いて、さらにボクからの手紙も添えて、クラスの38人がそれぞれ「勝手に」担当した都道府県の知事に「勝手に」送りました。「勝手に観光大使」が2回目であることは前に書きましたが、ここまでやったのはこの年が初めてです。

卒業文集より

五年生のとき、ぼくは「勝手に観光大使」で広島県をPRした。慣れない手つきでキーボードを操作し、やっとのことで作ったプレゼンテーションは思うようにいかなかった。しかし、それを県知事に送り、返事が返ってきたときは大きなことを成し遂げたのだと実感した。

（ゆうと）

予想外の問題も起こりました。「知事選の真っ最中なんだけど……」と、3人の「勝手に観光大使」が相談にやって来ました。う一ん、それは困った。せっかく送った途端、相手が知事でなくなったら意味がありません。開票結果が出るまで待とうかということになりました。地方の知事選の行方に、縁もゆかりもない東京の小学生がハラハラするなんて！　うち2人は現職が当選しましたが、1県だけ知事が変わっちゃいました。危ないところでした。

そんな子どもたちの熱意が通じたんでしょう、ほぼすべての知事、またはその自治体の観光課からお礼の手紙をいただきました。メモ帳とかボールペンとかの地元グッズを送ってくれたところも多かった。その県を担当した「勝手に観光大使」はめちゃくちゃ喜んでいました。

その中で、特にボクたちを感激させたのが兵庫県と島根県です。まず、兵庫県知事から来た手紙には「勝手に観光大使なんて言わないでください」と書いてありました。えっ？「その代わり、特別観光大使に任命します」！

兵庫県は男女2名が担当していたのですが、これには子どもたちも驚いて、「どうしたらいいの？」とオロオロしています。「特別観光大使になったんだから、これからも兵庫県のために頑張ったらいいんじゃないの？」とボクが言うと、「うん、わかった！」。きっと2人は、大人になってもずっと兵庫ファンであり続けることでしょう。

もっとすごかったのが島根県です。「感動したので感謝状を持って学校に行きたい」という知事からの返事が来ました。で、本当に教室に来たんですよ、はるばる島根県から、公式観光ゆるキャラの「しまねっこ」が！　これが子どもいわく「もふもふ」でかわいくて、もう教室中大騒ぎ。島根県の「勝手に観光大使」をやった女の子は感激して、6年生になっても「しまねっこ」押しのキャンペーンをしていました。「しまねっこ」については、子どもたちの卒業の前にさらにすごいサプライズがあったのですが、それはまた後で語ることにします。

「勝手に観光大使」になったことで、子どもたちはものすごく勉強して、その県の「専門家」になりました。大人のボクよりずっとその地域に詳しいわけです。

ボクは出前授業で日本各地の小学校に行くことがありますが、出前授業のツカミでは、地元ネタがとても重要です。「明日から福井なんだけど、何か面白いネタない？」と、ボクが福井県の「勝手に観光大使」に

島根県からはるばる「しまねっこ」がやってきた！

聞いた時、彼は少し考えて、「ハヤクシネバ、ってのはどう？」と言いました。「え、早く死ねば？」「いや、福井では『早くしなさい』って意味なんだよね」「へえ、福井の人が東京で言ったらヤバイね」

そのネタは、福井の小学5年生にちゃんとウケました。

「勝手に観光大使」をやったことで、子どもたちは日本の地理に詳しくなり、プレゼン能力が高まり、書いて表現する力もつきました。さらに、学校の中だけでなく、外の大人にも内容を認められたことで自信もついた。担当した県への郷土愛（？）さえ芽生えました。教育としての最終ゴールは軽々と達成されたわけです。子どもたちは途中からそれに気づいていたと思いますが、これで勉強できるならいいやって思ったんじゃないでしょうか。だって、「勝手に観光大使」をやること自体が楽しいからです。

アナザーゴールは楽しむための工夫ですが、楽しんだだけでは終わらないのがミソです。例えば東京から大阪へのルートは、新幹線で行く、各駅停車で行く、飛行機で行く、船で行く、徒歩で行く……いろいろありますよね。肝心なのは大阪（最終ゴール）に着くことで、その道のりは最短距離でなくてもいい。遊びながら、寄り道しながら行ったっていい。教師がしっかり目的地をわかっていれば、子どもには大阪というゴールさえ示す必要はないんです。食いしん坊相手なら、朝は中華街（横浜）、その後お茶して（静岡）、昼はうな重（浜松）と味噌カツ

（名古屋）食って、おやつは八つ橋（京都）、最後にお好み焼きとたこ焼きだぁ！　でいいのです。

このアナザーゴールという概念を、ボクは先生たちにもっと知ってほしいと思っています。考え方さえわかってしまえば、どんな教科でも無限に応用できるからです。実際、ボクのメソッドのほとんどがこれで説明できてしまうくらいです。

＊

以上は「社会」でしたが、「算数」におけるアナザーゴールの例も紹介します。

ボクが２０１１年に2年2組のタンニンだった時、九九を覚えさせるために、百ます計算ならぬ「81ます計算」を取り入れました。１～９の数字を縦横１列目に順番に並べ、よーいドンで81個のますを掛け算で埋めていくというものです。その後ボクがタンニンするクラスでは**「計算トレーニング＝計トレ」**という名で定着しています。

何でこれを思いついたかというと、子どもひとりひとりをテストして、合格のハンコを押していたら、ボクの時間がいくらあっても足りないからです。１の段から９の段まで聞いていたら、ひとりあたり九つの合格ハンコが必要になる。40人いたら、最低でも３６０回九九を聞かなくてはならないのです。

ボクは毎日、どんな学年でも子どもたちと交換日記をやっています。子どもが帰るまでに日記を見て、必ずその日のうちにコメントして戻します。「計トレ」は、その時間を生み出すために工夫した方法でした。全員一斉にやれば、テストを受けるために、先生の前に子どもが行列を作るということもありませんしね。

2年生の時の計トレの制限時間は2分。クラスで一斉にやって、丸付けもお互いにやらせました。この「お互いに採点」というのがまた勉強になるんです。ボクたちのクラスでは、日ごろの漢字テストも子ども同士で採点させ、あとでボクがチェックすることにしています。もちろん、保護者のみなさんには学級通信で、子どもが採点することの教育的意味をしっかり説明しています。

2分を切った子にはU2（Under 2 minutes）の称号を与え、達成者が一日つける「U2バッジ」も作りました。（達成したことに満足して、あまりつける子はいませんでしたが。）ちょうど2学期末だったので、「U2の保持者は、年賀状で自分の名前にU2とつけてもいいぞ！」と言いました。一度U2になっても、翌日の計トレでミスったら称号を剥奪されるのがルールです。だから、年賀状にそう書くには、2学期最後のトライでU2を達成するか防衛しなけりゃいけないのです。こういう仕掛けに子どもは燃えます。

みんなU2が大体クリアできるようになると、2年生の3学期から「RU2」に進化させました。Rはランダムの R。1から9まで順番に並べるノーマルU2に対して、RU2は数字を毎回ランダムに並べます。難易度大幅アップですが、子どもたちはそういうチャレンジをむしろ喜びます。「帰ってきてもずっと憑かれたように計トレやってるんですよ！　いったいどんな魔法ですか？」と保護者に聞かれたこともあります。**普通なら勉強としてイヤイヤ覚える九九に、子どもたちはゲームとして熱中している**わけです。

このRU2は、2012年度からボクがタンニンした5、6年生も夢中になりました。2年生の反応を見て、高学年でもイケると思ったんです。目標タイムはより厳しく1分21秒にしました。ひとつ間違うとマイナス20秒のペナルティーです。これがよほど楽しかったのか、卒業した子でさえ同窓会で会うと「計トレやりたい！」と言うくらいです。

やってみると分かりますが、大人でも1分21秒を切るのは相当難しい。ところが、2015年度の6年1組では38人全員が達成したことがあります。60秒を切ると「神」と呼ばれます。1問間違えるとマイナス20秒としたのは、「神様は一つくらい間違っても許される（目標クリ

時間を見つけては計トレ「RU2」に挑戦する姿はクラスの日常風景でした。「がんばれ！もう1分過ぎちゃったぞ！」

アできる)」というシャレです。これまでの最速記録では何と40秒を切った子がいます。

計算が速い子を見ていると、手と目がそれぞれ違う動きをしているのがわかります。手で答えの数字を書きながら、目はもう次の問題へ行っている。脳がフル回転しているからでしょう。実際、5年生でRU2を始めてからは、子どもたちの計算ミスがめっきり減りました。単なる計算問題の反復だけでは、こうはいかなかったと思います。

＊

ボクが常に考えているのは、どうしたら子どもたちが楽しくなるかです。そのためには、子どもが何をしたいのか、何を欲しがっているかをよく知ることです。

止まっている重い球体を動かす時は大きな力が必要です。でも一度動き出せば、より少ない力でスーッと転がし続けることができる。大人だって同じじゃないですか？　やらなきゃならないことでも、いざ始めるまでは億劫なものです。その最初の力を自然に生み出すのは「勉強しなきゃ」ではなく「やるのが楽しい！」だとボクは思っています。

そして、一度「楽しい！」と感じてしまえば、後でたとえ「これって勉強じゃん」と気づいても、子どもはやめないのです。だって、楽しさに勉強も遊びも関係ないから。今の学校に一番足りないのは、こうした「楽しさ」ではないかと、ボクは思うのです。

3 勝ってこそ運動会

学校から帰ってきた子どもに元気がありません。テストの点数がよくなかったり、かけっこで誰かに負けたり、発表がうまくできなかったりしたようです。そんな時、どう声をかけますか？

「精いっぱい頑張ったんだから仕方ないよ」

なるほど。悪くありません。親としてとても自然な言葉です。と同時に、少し気をつけなければならない言葉でもあります。

大人が「頑張ったんだから仕方ない」となぐさめてばかりだと、子どもはその言葉に甘えてしまうようになります。ボクは頑張ったんだからもうそれでいいんだと。でも、本当に彼は「頑張った」のでしょうか？

問題を解いている最中や、走っている瞬間は全力で頑張ったでしょう。でも、**本当に頑張るとは、その前に長い時間をかけて勉強したり、練習したりする過程を含めてのこと**です。普段から地道に努力していなければ、当日結果が出ないのは当たり前。子どもがかわいいと、そのあたりの日が曇ってしまうことがあります。

もし、子どもが本当に頑張って、それでも思うようにいかなかった時、簡単に「仕方ないよ」と声はかけられないはずです。例えば、こういう言葉になるのではないでしょうか。

「お前の頑張りを見ていたぞ。悔しいよな……」

まずは子どもと一緒に思い切り悔しがってあげてください。そしてその後、「ここまでは出来ていたよね。何が足りなかったんだろう？」と、出来ていることを認め、原因を分析して伝えるようにしてください。

大人の安易な慰めのために、多くの子どもが割とあっさり「負けても仕方ない」と思うようになったのではないか？　ボクはそう感じてしまう時があります。

＊

「みんな、運動会でちゃんと勝ったことある？」

2016年度の新学期、新しくタンニンした3年生にこう聞くと、子どもたちは「あるよ」と言います。毎年5月に行われる世田谷小の大運動会は、1～6年生の各3クラスが青、白、橙の3色に分かれて競います。1年生だって一つは「総合優勝」したクラスはあるわけです。

「自分たちで一所懸命練習して勝ったことがあるのかなって意味だよ。全力で頑張ってないから負けてもそんなに悔しくない。負けて悔し涙を流したことある？」

こう言うと、子どもたちは黙ってしまいます。

1、2年生は、運動会では彼らなりに真剣に競技に取り組んで、ワイワイ楽しんではいますが、勝つための工夫は十分とはいえない。言ってみればジャンケンして偶然に勝って「イェー」とか喜んでいるようなものです。本当にギリギリまで頑張って、勝ったり負けたりした経験が、まだこの子たちにはない。

「『犬も歩けば棒に当たる』ってことわざがあるでしょ。昔は『よけいなことをすると棒で叩かれるぞ』って意味だったんだけれど、最近は『自分から進んで努力すれば幸運がやってくる』という意味で使われることが多いんだ。みんなは歩きもしないから棒にも当たらない。それでいいのかな？」

ボクはわざと子どもたちを挑発します。「○○しなさい」とは言いません。ただ、「ボクが朝の打ち合わせでいない時は、朝の会を自由に使っていいよ」とだけ言っておきます。

効果は割と早く現れます。

ある朝、職員室での打ち合わせ中にふと窓の外を見ると、ボクのクラスの子どもたちが外で走っている。校庭を目いっぱい使うと1周で300メートルくらいあります。後で聞いたら、ボクのいない朝の会で「みんなで今から走りに行きませんか」という提案が出たらしい。自主トレが勝手に始まったのです。「よしよし、やっと動いたか」とボクはニヤニヤします。

「なぜ沼田先生は、運動会にそんなに一所懸命なの？」とよく聞かれます。

お答えします。ボクがガチガチの「勝利至上主義者」だからです。勝つことに徹底的にこだわります。そのためにあらゆる努力を惜しみません。**子どもの時に「勝利」をつかみ取る体験をするのは、自己効力感を高める上で必要なこと**だとボクは確信しています。「勝利」というゴールがあるから、それを目指すプロセスが意味あるものになる。最初から「勝っても負けてもいい」だと、頑張れば10まで行けたのに、２でもＯＫということになってしまう。ゴールそのものが曖昧になり、本気の工夫や努力というプロセスもなくなってしまうのです。結果的に７の達成があったとして、10を目指して７になったのと、とくに目標を定めずに何となく７になったのとでは、学びの上でまったく意味合いが違うとボクは思っています。

*

世田谷小大運動会の名物イベントは、各学年単位でのクラス対抗リレーです。足の速い子も遅い子も全員参加がルールです。

２０１５年度の６年１組の場合、クラスの人数は38人だったので、10人ずつで４チームを作り、２チームずつ２レースに出場しました。つまり、Ａ・Ｂチームが第１レース、Ｃ・Ｄチームが第２レースを走る。各学年３クラスなので、ひとつのレースに６チームが出場します。リレーの成績はABCD4チームの順位を足した数で競います。例えば、第1レースで1着と6着、第2レースで2着と4着だった場合は「13」。パーフェクト優勝は1着―2着、1着―2着の「6」。この数字にいかに近づけるかが勝負です。

38人だと、10人で4チーム作ると2人足りません。第1と第2レースの両方に出場する選手が2人必要になります。当然、強い選手に兼務させたいところです。これをどう選抜するかがチーム編成の決め手になります。

以下、ボクが運動会の前に行っているリレーチーム編成の方法を説明します。毎年どんな学年でも大体同じです。

最初に、体育の授業でクラス全員の50メートル走タイムを計ります。

タイムは2回取ります。足が速いけれど手を抜きそ

2016年のクラス対抗リレー直前。〈6代目・世界一のクラス〉3年3組とハイタッチで気合注入！

うな子には「遅い方の記録を取るからね」と釘を刺すこともありますが、本当はスリップや接触が起こることがあるので、より正確な記録を採用したいからです。これが「予選タイム」となります。

クラスが3年生以下なら、そのタイムを10倍した数字を子どもに伝え、それぞれ短冊に書かせます。例えば9・6秒なら「96」。小数点を習うのは4年生以上だからです。

その短冊を男女別に分け、数字の小さな順（タイムのよい順）に並べ直します。この時点で兼務選手は「ミスターX（男子）」とか「ミスZ（女子）」とかにしておき、予選1位の子のタイムを仮にあてておきます。その数字短冊を、ABCDの4チームに振り分けて、順番に黒板にセロテープで貼り付けていきます。1チーム10人の場合、横に4列、縦に10列の数字の列ができます。

「さあみんな、自分のいるチームのタイムを合計しよう！」

言い忘れましたが、いまやっているのは体育でなく「算数の授業」です。クラス全員で計算し、4チームそれぞれの合計タイムが出ます。だいたい平均するように黒板に貼ったはずですが、実際に計算してみるとかなりのズレが出ます。

「4チームの合計を同じにするにはどうしたらいいかな？」と、ボクは問いかけます。

そう、トレードすればいいのです。4チーム間で選手トレードが始まります。みんなで議論しつつ短冊を移動し、その度に再計算して、可能な限り四つの合計数を近づけていきます。この時点で、誰と誰を同じチームにするとか、そういった相性的なものは一切考えません。純粋にデータだけで平等化していきます。

割り算を知っていれば総合計を4で割ってだいたいの目安を出したり、高学年になると三角トレードというワザを使えたりしますが、3年生くらいだと短冊を入れ替える度にひたすら足し算です。しかし勉強だと思う子はいません。やっていることは「運動会リレーのチーム決め」だからです。子どもたちはずっと後になって**「リレーのチーム決めって算数だったんだ！」**と気づくことになります。これもアナザーゴールの応用なのです。

ボクはいつも、最初に4チームの合計タイムを0・1秒単位まで平均化することに力を注ぎます。それが全員でリレーをする教育的意図にかなっていると思うし、チームで戦うという意味でもこのやり方が正しいと信じているからです。

リレーの成績は4チームの順位合計なので、単純に勝つことだけを考えたら、3チームに主力を集めて1着、2着を狙い、1チームを捨て駒にする戦法もありえます。そこまで戦略的意図はなくても、最初のチーム編成が適当だと、強いチームと弱いチームの差がはっきり分かれてしまうことはあるでしょう。ボクはそうしたくない。それではクラスの一体感が生まれないからです。

多くの小学校で運動会が5月にあるのは偶然ではありません。新学期に初めて顔を合わせた子どもたちが、クラスとして一丸となるための大事なイベントなのです。ボクたちが目指すのは優勝ですが、それはクラス全体で勝ち取るものでなければなりません。そのために、4チームの力の差は最初限りなくゼロに近い方がいい。今後、各チームの実力がどのくらい伸びるかは、ひとりひとりの頑張りにかかっている。同じクラスだけどチーム同士はライバルでもある。そう子どもたちに感じてほしいからです。運動会の1か月以上前から、ボクたちのレースはすでにスタートしているのです。

＊

リレー4チームのメンバー編成がほぼ固まると、子どもたちに走る順番を決めてもらいます。前著『ぬまっちのクラスが「世界一」の理由』で書いたので、すっかり有名になってしまいましたが、ボクの基本戦法は**「足の遅い子から順番に並べていく」**というものです。足の速い子の間に遅い子を入れる「サンドイッチ作戦」をよく見ますが、ボクは学校体育の戦法としては疑問を持っています。先頭を切って走ってきた速い子に、バトンを手渡された遅い子の気持ちを考えてください。めちゃめちゃプレッシャーがかかります。「せっかくのリードを守れなかったらどうしよう」と考えるだけで体はガチガチ。やっぱり後ろから抜かれて、バトンの受け渡しまで失敗しようものなら目も当てられない。味方や親たちの「あ〜あ」というため息が（実際はなくても）聞こえるような気がします。その子は罪悪感のかたまりになって、「二度と走るもんか！」と思ってしまうのです。教育としての体育がこれでは困ります。

ボクは2007年度のタンニン1年目から一貫して「一番足の遅い子から並べる」戦法を採用しています。先頭走者はビリになるかもしれないけれど、少なくとも抜かれる心配はない。前を見て、差を詰めることだけに集中できます。足の遅い子は運動の苦手な子が多いのですが、ふだん運動していないだけに、ちょっと練習すると割と簡単に自己タイムを縮めることができます。全員参加のリレーでは、誰かのタイムが1秒縮まれば、チーム全体のタイムが1秒縮まることに等しい。**走るのが苦手な子だって、努力すればチームにとっての重要な戦力になれる**のです。だから、ボクのクラスは必ず「追い込み型」のチームになります。

最近は子どもたちもそれを承知しているので、「キミたちで順番を決めていいよ。でも、ボクはみんなが抜かれる姿を見たくないなあ……」とだけ言うことにしています。子どもたちは即座に「ああ、あれね〜」と返してきます。もう、あうんの呼吸ですね。

＊

チームはまだ完成していません。例の「ミスターX」と「ミスZ」が空白だからです。Xはクラスで1番速い男子、Zは1番速い女子を当てることにしています。

「運動会本番の1週間前に、XZ選抜レースをやります！」と、ボクは宣言します。

XZ選抜レースは立候補制です。手を挙げた子は誰でも参加できます。選抜レースは予選と同じく2回走りますが、ボクはタイムを計測しません。クラス全員が見守る前で、男女別に一斉スタートして勝負を決めます。そこで一番速い子がエース。全員の前で走らせるのは、その子より速い子はいない、こいつが抜かれたらもう仕方ないとみんなが納得できるようにするためです。

ただ、立候補制には一つ問題があります。女子にありがちなのですが、周りに気を遣って、あるいは恥ずかしがって、エース級の子が手を挙げないことがあるのです。2016年にタンニンした3年3組の時は、予選1位の女の子が手を挙げませんでした。しかしボクは、彼女がこの3週間、一所懸命練習してきたことを日記を通じて知っています。本音では走りたくてたまらないはず。やむなくボクからの〃推薦枠〃ということで、無理やり引っ張り出す形にしました。彼女は小さな声で「ありがとう」と言いました。レースの結果、「ミスZ」になったのは彼女でした。

現実的なことを言いますと、速い子であればあるほど、1か月くらいの練習で走力が飛躍的に上がることはほとんどありません。それでも、クラスで2番手に甘んじている子の中には、諦めずに果敢に挑戦する子も出てきます。この時の3年生にもそんな男の子がいました。「オレは絶対リレーで2回走りたい！」と周りにも言って、懸命に走り込んでいましたが、結果、予選1位の男子に及びませんでした。彼は選抜レースが終わった後、物陰でひっそり泣いていました。

これが**本当の悔し涙**なのです。努力した者にしか流せない美しい涙です。ボクは彼にそっと近づいて言いました。

「頑張ったから悔しいよな。でも、おまえが頑張って速くなったことが、勝負どころで必ず生きてくる。だから本番よろしく頼むな」

彼はくしゃくしゃの顔でうなずきました。

ボクが彼にかけた言葉は、ただのなぐさめではありません。足の遅い子から順番に並べる沼田式オーダーは、最後発から先頭をじわじわ追い込む戦法です。そのためには、中盤の選手にこそ活躍してもらわなければなりません。

他のクラスもアンカーにはエースを投入してきます。すでに差が開いている場合、アンカーで前を抜くのはなかなか難しいのです。走者が10人いるなら、6〜8番手が真の勝負どころ、抜きどころです。エースにもう少しで手が届きそうな子たちが「エースになりたい」と思い、選抜レース目指して必死に練習してくれるからこそ、中盤の実力が底上げされる。チーム全体が強くなるのです。チームの底力を作るのは、彼が流したような、本当の悔し涙なのです。

*

さて、ボクはこれまで運動会を11回経験しましたが、ボクがタンニンしたクラスはリレーで11戦9勝です。勝率8割以上！　おかげで「沼田先生のクラスは勝って当たり前」というプレッシャーを保護者からいただくようになってしまいました。その中でも、〈5代目・世界一のクラス〉である2014―15年度の5年1組―6年1組は実力的に飛びぬけていました。

男子にも女子にも走力の高い子がそろっていたので、勝つこと自体には何の苦労もなかった。2年2組からの流れでチームワークも最初からできていたし、ボクが放っておいても勝手に練習するし、5年生の運動会で早くもワンツーワンツーの完全優勝を成し遂げてしまいました。

しかし、そこで手を抜くわけにはいきません。さらなる高いハードルをこの子たちに与えるのがタンニンの務めです。

「完全優勝だったけど、アンカーでやっと先頭に立ったじゃない。かなりギリギリの勝利だったんじゃないかな」。運動会が終わった後、ボクは内心の喜びを抑えて、あえて言いました。「アンカーが転んだら負けたかもしれないよね？」

子どもたちは、ぐうの音も出なかったはず。なぜなら、本番前の予行演習で、一度他のクラスに負けているからです。走力では圧倒的に勝っているのに、油断して気の抜けた走りをしたのです。しかし、そこでショックを受けたのは、子どもたちにとってはよかったのかもしれません。本番で勝ったとはいえ、油断すれば負ける程度の力の差だったと、子どもたちもよくわかっていたのです。

こう言われるとかえって燃えるのがこの子たちです。「来年は、完膚なきまでに勝つぞ！」と目標を立てました。もはや同学年に敵はいない。あとは自分たちとの戦いです。

その2か月後、7月の林間学校でのクラス遠足で、図らずも来年に向けての練習が始まりました。

ボクたちが訪れた富士五湖の近く、山梨県忍野村の忍野八海浅間神社には長く急な石段があります。その時、遠足中にたまたまデジカメをなくした子がいたんです。その子のために「神社でお百度参りしたら見つかるんじゃやね？」と、石段を駆け上がる子がいた。そのうち、「これ、リレーに役立つんじゃない？」と、さらに数人の男子がダッシュし始めたんです。

だんだん盛り上がってきて、他の男子も次から次へと走り出す。石段を8回以上往復した子もいたらしくて、もう完全に「来年の運動会を目指したトレーニング」になっていました。女の子たちは最初「え〜？」とか言って傍観していましたが、女子のエースが男子に混じって走り始めると、だんだん自分も行かなきゃみたいな感じになって、気がつけばクラス全員が必死に石段を上り下りしていました。
　ボクは石段のふもとで「よくやるわ〜」と思ってのんきに眺めていました。ここで運動させとけば宿舎で夜よく寝てくれるから好都合。いけいけ！　そうしたら最後、子どもたちから「ぬーまーた！　ぬーまーた！」の大コール。仕方ありません、男子のエースと勝負しましたよ。絶対負けると覚悟したら、意外と勝ってしまって、「お、オレもまだいけるじゃん！」と思いましたね。その後、膝がガクガクになりましたけど！（笑）
　ちなみに、なくしたデジカメはその子のカバンの底から見つかりました。クラス全員の「お百度参り」は霊験あらたかだったわけです。
　この5年1組は女子も強かった。時間が1年先に飛びますが、２０１５年9月、６年生になった女子4人が世田谷区の区民体育大会に出場しました。種

2015年９月、世田谷区区民体育大会の400mリレーで見事2位入賞。チーム名は「学世田6-1」（世田谷区運動公園陸上競技場で）

目は女子小学生400mリレー。結果は59・11秒で2位でしたが、出場6チームのうち学校のクラスとして参加したのは彼女たちだけ。あとはすべてスポーツクラブのチームでした。クラブチームを蹴散らしての2位だったんです。

競技場でボクが大笑いしたのは、他のチームがかっこいいクラブのユニフォームなのに、あの子たちだけネーム入りの学校体操着だったこと。後で理由を聞いたら「クラス感を出したかった」とさらっと言う。たいしたものです。彼女らはクラスで「モンスター4」と怖れられ、敬われていました。でも、見かけはみんなかわいいんですよ！

＊

鍛えるのは走力だけではありません。ボクは秘密兵器のバトンパスを毎年子どもたちに伝授しています。名づけて「ペンギンバトン」。右手を体にぴったりつけて、手のひらだけ反り返らせてバトンを受け取るポーズが、ペンギンそっくりだからです。ちなみに名付け親は、ボクが2007年度に初めてタンニンした3年生の子どもたちでした。

これがペンギンバトン。走者同士がギリギリまで接近してバトンを手渡しています

「それ、日本代表チームがリオ五輪でやったやつでは？」。そう思った方は陸上スポーツに詳しい方です。その通り。ボクが子どもたちに教えたのは「アンダーハンドパス」です。

普通、体育の授業などで教えるのは「オーバーハンドパス」。受け取る走者が後ろに手を突き出す方式です。こちらの方が一般的でしょう。しかし、ボクは小学生にはペンギンバトン（アンダーハンドパス）の方が向いていると思っています。

選抜リレーならともかく、全員参加リレーでは、子どもにオーバーハンドパスをやらせると、バトンゾーンでひどく減速してしまうからです。腕を伸ばすのでリードが稼げるように思いますが、子どもは筋力がないから、ダッシュしながら後ろに腕を突き出すと上下に揺れてしまいます。渡す側も前に腕を伸ばして前傾するので、お互いの腕がブレてなかなかバトンが渡せません。さらに受ける走者が振り返ったりすると、加速のメリットはほとんど失われてしまいます。

一方、ペンギンバトンは腕を体に付けて固定しているので、渡す側は下から相手の手のひら目がけて「ハイ！」とバトンを押し付けるだけです。腕を伸ばさない分、接近する必要がありますが、受け側は前を見て全力でスタートダッシュできます。渡す側も後ろから確実に追いつくため、力を振り絞ってラストで加速します。お互いバトンゾーンでブレーキがかからないのです。もちろん、技術的にはオーバーハンドパスより難しいですが、ボクと子どもたちとの信頼関係と練習があれば、確実にこちらの方が速くなれると信じてやっています。

　このペンギンバトンが一番巧かったのも２０１５年度の６年１組でしたが、結果的にそれが不要なくらい、走力が圧倒的でした。５年生の時のメンタルの弱さも克服して、練習を重ねて、さらにスタミナと脚力をつけているんですから手がつけられない。もう２年連続ワンツー優勝でも目標が低すぎる。「4チームのトータル記録21分を目標にしよう」とボクは言いました。かなりハードだったはずですが、それさえも本番で彼らはクリアしてしまいました。運動会リレーでは中盤の走者からほとんど独走状態でしたが、彼らが最後まで気を抜かずにトラックを駆け抜けたのは、その目標があったからです。優勝が決まった後、目標タイムを切ったことがわかった時は、みんなで大いに盛り上がりました。

　弱いチームがだんだん強くなっていくことが日本人好みのドラマだとすれば、この６年１組は、あまりに強すぎて憎まれる横綱みたいなものでした。「勝って当たり前」というのも実は相当なプレッシャーのはずですが、彼らはそれもはねのけた。６年１組はリレーだけでなく、下の学年と協力する他の競技でも獅子奮迅の活躍をして、同じ色の自軍を２年連続で総合優勝させるという偉業を成し遂げます。もうこれに関しては、ボクの手腕というより、彼ら自身の実力だったと素直に認めます。キミたちはすごかった！

＊

２０１６年春の運動会には、卒業したばかりの彼らがたくさん応援に来てくれました。というか、最強チームを失った監督のボクを冷やかしに来たのかもしれませんが。

ボクは3年3組のタンニンになったばかりで、しかも、ボクのリレー戦法が世に知れ渡って最初の運動会。「沼田先生のクラスだから、当然勝つでしょ？」って周りから見られているのに、肝心の子どもたちは今ひとつ闘志不足に感じられて、ボクは練習でもハラハラさせられっぱなし。もう胃が痛くなるほどのプレッシャーでしたが、子どもたちは本番レースで底力を見せてくれました。練習でもできなかったような美しく完璧なペンギンバトンをつないで、優勝したのです！

「勝った、勝った！」という彼らの興奮と喜びぶりは忘れられません。これこそドラマでした。この子たちは生まれて初めて、「**本当に頑張っての勝利体験**」をつかんだのです。

重圧から解放されてホッと安堵のため息をもらしていたボクのもとに、元6年生のエースが近寄ってきて、「来年に宿題ができてよかったね！　やっぱ、ぬまっちクラスはワンツーワンツーの完全勝利じゃないとね！」などとニコニコして言う。

いや、みんなキミたちみたいなモンスターじゃないから……と、ボクは苦笑いするしかありません。

たかが運動会、されど運動会。運動会こそ、子どもたちが最初の「勝利体験」を得られる絶好の場なんです。だからこそ、頑張って勝ってほしい。勝つために努力するプロセスを体験してほしい。最初から「勝っても負けてもいい」じゃ工夫は生まれない。「絶対勝つぞ」と思うから、一所懸命に練習したり、勝つための戦法を真剣に考えたりする。それでも負けたら、みんなで思い切り悔しがればいい。その悔しさが来年の目標につながっていくのです。それが運動会というイベントの「学び」だとボクは思っています。

でも、ボクの胃の痛みは、毎年ひどくなる一方なんですけどね！

卒業文集より

勝ってあたりまえ。目指すはベストタイムそれがぼくの運動会だ。六年一組の目標は他のクラスに勝つことではない。そして、当日。六年一組の人たちは全員負ける気がしなかった。（ようじ）

Q

来年4月から教員になる予定の大学生。期待もたくさんありますが、不安も同じくらいあります。4月までに何をしておくべきでしょうか。

これといって思いつかないなぁ……。だって、まだ子どもの顔も見てないんでしょう。新学期になったら、まず子どもの顔と名前を覚えることからスタートしてください。困ったことがあったら子どもに聞けばいいんです。4月までに体力はつけておいてください。なんだかんだ言って先生には体力が必要です。最初はきっと帰りも遅くなると思いますし。経験を積んで仕事を効率化できるまでは、ある程度の体力はあった方がいい。

ボクは最初、世田谷小に副担任として補助教員で入ったんですが、それは落ち着きのない4年生の教室をサポートするためでした。前著に書きましたが、縄跳びの「ダブルダッチ」などで子どもに自信をつけさせたんですね。翌年、正式にクラス担任になる時、先輩に言われました。「副担任時代は加点法で評価されたと思うけれど、担任になると評価が減点法になるからね」と。つまり、副担任だとやったことがプラスで評価されやすいけれど、担任はいいことも悪いこともすべて自分のせいになる。でもボクは「勝手に加点法」で自分を評価してましたけれどね（笑）。「経験が浅いんだから、できないものはしょうがないじゃん」という前向きの開き直りも必要だと思います。

ボクは先生になったのが遅くて、世田谷小で初めてクラスを担任したのは31歳の時でした。当時の副校長に言われたのが、「絶対、子どもを第一に考えること」。そうか、お客様第一主義なんて言葉もあるし、なるほどなあと思って、「子どもたちを楽しくさせるにはどうしたらいいかな」と考えたんです。右も左も分からないから、とりあえずやるしかないなと。

先生になったら、きっとたくさん失敗すると思うけれど、失敗しても立ち直れる精神力をつけておいてください。失敗を失敗のままにしたらその経験はただのゴミ。失敗の原因を分析して、解決方法を工夫したり、次への参考にしたりできれば、その失敗はもう失敗じゃなく、自分の糧になります。そういう意味で、この本も、「こういう人もいるんだな〜」くらいの気持ちで読んでほしい。ムリに全部マネしようと思わないで、まず一つだけマネしてみてください。それができたら二つ目に進む。最初から欲張らないで、できることをひとつひとつやっていくしかありません。

苦しい時は、ボクの好きな沖縄言葉のように「なんくるないさー（何とかなるさ）」と考えることです。でもそれだけで終わっちゃダメ。「なんくるないさーだから、何とかしよう」ですね。

2学期

4 時代おくれの2からディナー

前にも書きましたが、〈5代目・世界一のクラス〉6年1組の3分の1は、ボクが4年前にタンニンした2年2組にいた子どもたちです。なので、6年1組を語るためには、ルーツとしての2年2組に触れないわけにはいきません。彼らとは1年だけのつきあいでしたが、ボクは〈3代目・世界一のクラス〉の称号を彼らに与えています。つまり、2回も〈世界一〉になった子どもたちがいるわけです！（笑）

今振り返ると、彼らに出会ったことが、ボクの小学校教師としての一つのターニングポイントでした。

白状します。ボクはどちらかというと、小さい子どもが苦手です。高学年の方が話が通じやすいし、何かとやりやすい。だから2011年の新学期に2年生のタンニンになった時は「参ったなあ」と内心思いました。「うまくできるかなあ……」。これほどの低学年はやったことがなかったからです。

その前年度、3年1組―4年1組と持ち上がりで2年間タンニンした子どもたちを〈2代目・世界一のクラス〉に育てたという自負がありました。（この時のクラスについては、前著『ぬまっちのクラスが「世界一の理由』』に詳しく書いています。）それなのに、ついこの間まで1年生だった子たちのタンニンになったわけです。

小学校教師である以上仕方のないことですが、その落差はすごいものでした。旧4年1組の保護者が心配して（というより面白がって）授業参観の日に教室をのぞきに来て、「沼田先生、『急がないと遅れるよ〜』なんて、ずいぶん口調が変わりましたね。前は『急げ！　遅れるぞ！』だったのにねー」なんてイジられてしまったくらいです。

何が大変だったかといって、朝から放課後までトイレにいく暇もないのです。ちょっとケンカするとピーピー泣くし、すぐ何か散らかして床を汚すし。ついこの間まで、間もなく5年生になる4年生と生活していただけに、掃除も給食の支度もえらい時間がかかるように感じます。2年生では他の先生による専科授業もないから、ボクは朝からずーっと教室にいて、子どもたちにつきっきりの生活をしなければなりませんでした。

それでも、ボクの譲れないポリシーとして、子どもたちの席に入って一緒に給食を食べることと、全員との交換日記は毎日欠かしませんでした。日記を1人あたり2冊作り、1日交代で回していく方法もあって、その方が放課後にじっくり読んで返信を書けると分かっているのですが、ボクは朝に日記を受け取って、その日の授業が終わる前に返信して戻すと決めています。ためるとトコトンためてしまうボクの弱点を出さないためでもありますが、2冊で回すのは子どもたちにとってフレッシュさが足りず、日記としての即効性がないと感じているからです。今でもこの方式はまったく変えていません。

しかし、この時ばかりは「いったいいつ返事を書けばいいの？」というくらい忙しかった。それまで、ボクは子どもの自主性に任せて放っておけるような仕組みをいろいろ作って、その合間に日記の返事を書いていたのですが、2年生ではその時間がほとんど取れなかったのです。それでも何とかこなせたのは、旧4年1組だった5年生が、休み時間にボクのクラスにふらっと遊びに来て、2年生を指導してくれたりしたからです。持つべきものは教え子です。

このクラスを世界一にできるんだろうか？　ボクにしてはかなり珍しいことですが、新学期当初はまったく自信がありませんでした。

ところが、この2年2組との1年間は、終わってみれば、ボクにとって極めて刺激的なものになりました。「ダンシング掃除」のルーツがこのクラスだったことは第1章で紹介した通り。ボクの指示なしに子どもたちが動く掃除の時間は、その後もずっと、ボクが日記に返事を書くための貴重な時間になったのです。

今振り返ると、2年2組が〈世界一〉になる片鱗は早くからありました。

第7章に書きましたが、ボクはいつも、タンニンする子どもたちに、クラスの目標やキャッチフレーズとなる言葉を考えて進呈しています。2年2組には「すてき」という言葉をプレゼントしました。いつもはかっこよさを求めてヨコモジなのに、2年生だからと、一所懸命ひらがな言葉を考えたんです。ところが、この言葉はすぐに忘れ去られてしまいました。

世田谷小には1年生と2年生をペアにする「お相手さん」という制度があります。普段の学校生活で2年生はお兄さんお姉さんとして下級生の指導役になるわけですが、ただの義務的なお世話役じゃつまらない。「お相手さんだけが楽しんで、キミたちが楽しくないのはダメだよ」とボクは言いました。「お相手さん**も**、キミたち**も**、楽しくなるようにしなくちゃ！」。ボクは「も」をわざわざ赤字にして板書しました。

子どもたちはこれが気に入ったらしく、「もも、だね！」と言い始めました。そうしたらいつの間にか「もも」がクラスのキャッチフレーズになって、学級通信のタイトルまで「もも」に変わった。え、ボクがせっかく考えた「すてき」はどこに行ったの？

でも、そんなこともあって、4月の終わりごろには、「この子たちとやれる」と思えるようになったのです。

この2年2組「もも」クラスから、第2章で書いた計トレや、第6章に出てくる「ひらがなプロフェッショナル」といったオリジナル実践が生まれていくのですが、ここでは、2年2組が成し遂げた最大のプロジェクトについて書きます。2学期の10月から3学期の3月まで、総合学習の時間に加えて、様々な教科を合科して合計60時間を費やしたこのプロジェクトこそが、ボクにとって「理想の小学校教育とは何か」を考える転機となったのです。

＊

その前年の4年1組で、総合学習プロジェクトとして「映画作り」に取り組んだことは前著に書きました。それ自体、大きな成果があったと思っています。チーム一丸となって自分たちのクラスを紹介する映画を作ったことで、子どもたちは教科を超えた何かを学んだはずだからです。

しかしボクとしては、「総合の時間」という枠を超えて、さらに大きな目標を達成するような学びのプロジェクトができないかとずっと考えていました。それまでも算数や国語、社会、図工などの教科を取り込んだ総合学習はやっていましたが、もっと目に見える、わかりやすい形で各教科を融合して、他校の先生にも参考になるようなことができないかなあと思っていたんです。

2学期の10月、「みんなは何がやりたいの？」と子どもたちに聞いてみました。そうしたら、「学校に泊まりたい」という意見が多い。どうやって泊まるの？　と聞いたら「家からふとん持ってきて集会室で寝る」と言う。

「えー？　それじゃ家と変わらないじゃん。つまんない」とボクは言いました。「どうせ泊まるんなら、校庭の真ん中にテント張るくらいやったら？　ご飯も全部自分たちで作らないと意味ないよ」。大人の手を借りなければ実現できないことは、子どもにとっても達成感が低い。全部自分たちでやったと実感できることをさせてあげたかったのです。

クラスの中でディスカッションを重ねていくうちに、子どもたちの方も、親の助けを借りずに、お泊まりとご飯作りを両方やるのは難しいと分かってきたようです。「じゃあ、学校に夜まで残って、ご飯を作って、みんなで食べたい！」ということになりました。

そこでボクはすかさず言いました。「どうせご飯作るなら、一から作ろうよ」

その時ヒントになったのが、ダイヤモンド社が全国の小中学校に寄贈していた「survival ism」という冊子です。それは、便利な道具に頼らず、原始時代に戻ったつもりで、人間と技術の関係を見直そうという内容でした。このテーマは授業に使えると思いました。

校内ディナーの料理はカレーライスに決まりました。どうせならお父さんお母さんたちも招いて大パーティーにしよう！　こうして、クラスの37人、大人のお客さん90人におかわり50人分を加えて、**「180人分のカレーライス」を子どもたちだけで作って振舞うというプロジェクト**がスタートしました。

「時代おくれの2からディナー」というのが、子どもたちが考えたタイトルです。

本当に「一から」作るなら、コメや野菜を育てたり、豚を飼ったりするところから始めなくてはなりません。さすがにそれはムリなので、食材はスーパーなどから買うことにしました。「2から」とはそういう意味です。2年2組にちなんだ「2」でもあります。

その代わり、それ以外はすべて手作り。2年生は家庭科がないので、食材を切るために包丁を使うことができません。校庭から石を拾い集めて、それを割ったり削ったりして「石器包丁」を作りました。箸やスプーンは木をヤスリで削り、紙ヤスリでツルツルに磨いて、オリーブオイルを塗って仕上げました。子どもはツルツルになるとほっぺに当てたがるんです。気持ちい～って。自分が使うカレー皿は粘土をこねて焼きました。（窯で焼くのはさすがに業者にやってもらいました。）「時代おくれの」とは、こんなに文明が発展した現代で、原始時代のようにサバイバルするつもりで料理を作るぞという、子どもたちのワイルドな宣言なのです。

＊

12月になると、「どのくらいの量の食材を用意したらよいのか」「水はどのくらい必要なのか」「料理にどのくらいの時間がかかるのか」の具体的な実験と検証に入りました。計量カップで計ると、1人前のカレーに必要な水は「2デシリットル」であることがわかりまし

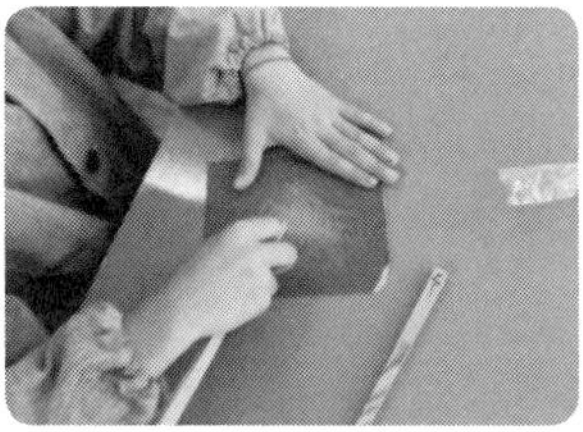

箸やスプーンは木片から削り出した手作り

た。2年生では「ミリリットル」という単位は習っていないので、すべてデシリットル換算です。

180人分のカレーを作るためには36リットルの水で煮込む必要がある。じゃあ、どれだけの大きさの寸胴鍋が必要なのか？ 子どもたちは、とりあえず大きな寸胴鍋をいくつか用意して、一所懸命ものさしで寸法を計りました。しかし、2年生は円柱形の容積の出し方を習ってないから、計算では容量がわからない。「そうだ、水を入れてみよう！」と気づいた子がいて、500ミリリットルのペットボトルを「5デシリットルペットボトル」と呼んで水を汲み、ようやく容量45リットルの鍋が適していると突き止めました。

冬休み明けの1月、ペットボトルで分量を計りながら寸胴鍋に水を張り、校庭の隅にかまどを組んで、実際にマキで炊いてみました（世田谷小にはこういうことができる場所があります）。

180人分のタマネギをむく

「時代おくれ」ですから、マキも学校の中で調達しました。学校に生えている木の枝を剪定した束がまとめて置いてあったので、用務員さんに許可を取ってもらってきたのです。

「何分くらいで沸騰すると思う?」とボクが聞いたら、これほど大量の水を沸かした経験のない子どもたちは「2分!」。どうも、家にある電気ポットと同じと思っているみたい。じゃあ、と2分経った時にボクが鍋に手を入れたら、みんな「ぬまっち危ない!」と悲鳴を上げます。

「まだ全然水だよ」と教えてあげると、子どもたちも恐る恐る鍋に手を入れて「ホントだ」。

もう少し温かくなった時、「42度!」と言う子がいたので、驚いて「何でわかるの?」と聞いたら、「うちのお風呂と同じくらいの温度だから」。なるほど、お風呂の経験は生きてるんだなあ（笑）。ちなみに、この時沸かしたお湯で石器包丁を熱湯消毒しました。

ボクたちは、ただカレーを作っているわけではありません。これは授業時間を使ってのれっきとした「学び」なんです。「時代おくれの2からディナー」は、そのまま小学校の教科に結びついているのです。

秋の樹木でお箸やスプーンを作ったり、皿を粘土で作ったりすることは「図工」と「生活」です。カレーに必要な水やコメの分量を計算するためには、足し算やかけ算という「算数」が必要です。買い物リストを作り、スーパーで値段や産地を調べれば、「生活」の社会科的分野に、石を割って包丁を作ったり、水が沸く時間を調べたりするのは理科的分野になります。企画書を書いて発表したり、作業工程表を作ったりすることは「国語」の力を伸ばします。

子どもたちの目標は「180人分のカレーを自分たちで作ること」です。それが、**知らず知らずいろいろな教科の学びになっている。**しかも体験を伴う学びなので、教科書を読むよりもずっと深く身につきます。役割ごとにチームを作ってプロジェクトに当たることで、話し合いも盛んに起こるし、教室の一体感も増します。

つまりこのディナー計画自体が、第2章で説明したアナザーゴールになっているのです。

＊

ディナー本番は2012年3月2日でした。疲れてヘロヘロになることを覚悟して、翌日休みの金曜日にしたのですが、ここにも2へのこだわりがあるといえばありましたね。

作業は朝9時からスタートしました。子どもたちの「カレー班」が消毒済みの石器包丁を使

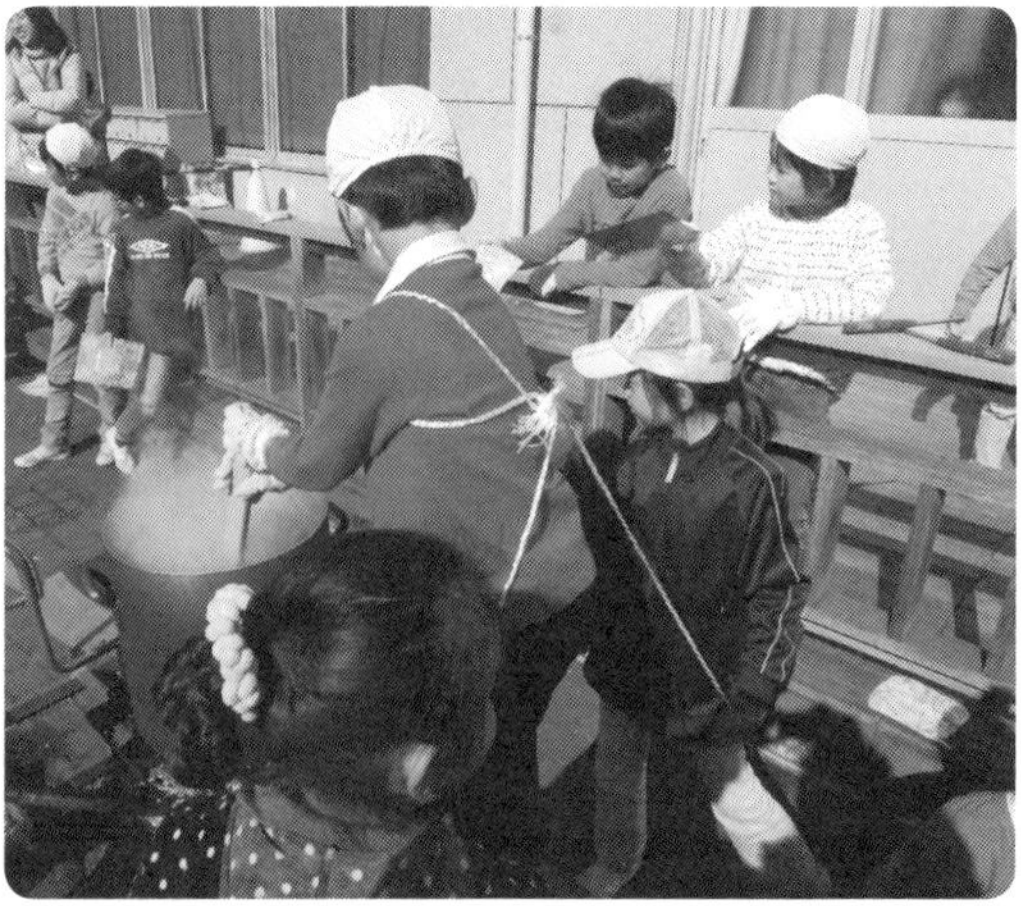

安全対策にも気を遣います。ひもをベルト代わりにして鍋に落ちないように

ってジャガイモを切り始めますが、普通の包丁のようにはうまく切れません。仕方なく、石器の方にジャガイモをぶつけるようなやり方で何とか切り刻みました。豚バラ肉は手でちぎりました（もちろん手は消毒しています）。マキでかまどの火を起こすのは「ファイアー班」の仕事です。湯沸し実験の時、寸胴鍋の外側に炭がこびりついて洗い落とすのに苦労したので、今回は外側にクレンザーをあらかじめ塗っておきました。

コメは10キロ袋が二つ。電気炊飯器は家庭科室にある8台を使いましたが、全部炊くのに3回転させねばなりませんでした。コメは袋から少しずつ出せばいいものを、子どもたちが全部出して一気に研いだので、最後の方のコメは長時間水に浸かりっぱなし。それなのに、炊く時は目盛り通りに水を入れたので、ムニュムニュになってしまいました。

でも、ボクは一切何も言わないし手も出しません。保護者には、ジャガイモの芽だけは気をつけて取り除いてもらいましたが、それ以外は一切手出し無用でお願いしました。子どもの中に「親が手を出しそうになったら丁重にお断りする係」まで作ったのです。

そこまでやったのに、ボクはこの日、一度だけ口を出してしまいました。かまどで熱した寸胴鍋に、カレーの具材を少しずつ入れながら炒めるのかと思ったら、子どもたちはタマネギや肉をいっぺんに鍋にぶち込んでしまったんです。しかも鍋には水が入ってない。こんなのかき混ぜられるわけないし、このままじゃ焦げる！

「どうすんだこれ！　このあと、どうすんのー！」と、ボクは何度も大声で質問、いや叫んでいました。

ようやく気づいた子どもたちが、ペットボトルで水を汲んで鍋に入れました。それを見ていた保護者の一人が感心して言ってくれました。「あそこで『水入れろ』って指示しなかったのは、ぬまっちらしいね！」

寸胴鍋が沸騰したのは正午くらい。そのままグツグツ煮込むこと約6時間。その間、子どもたちは交代でカレーが焦げないようずっと中身をかき回し続け、給食も交代で食べました。後で保護者に聞いたことですが、誰も指示していないのに、子どもたちが数名、自主的に教室で掃除をしていたそうです。ずいぶん成長したなあと感動しました。

食材は、ボクがリヤカーを引いて運んできたものです。本当は子どもたちが買いに行くはずだったのに、買出しの日があいにくの大雪で、学校が休みになってしまったんです。仕方なく用務員さんとスーパーに行ったら、いかにも偶然のような顔をして、保護者が手伝いのために待っていてくれたのには感激しました。カレーの固形ルウは、子どもたちの調査により、その時スーパーで一番安売りだった銘柄にしました。スーパーには前日あらかじめ、肉や野菜やカレーを大量に買いに行くよと伝えておいたのです。

＊

日が暮れて、午後6時。子どもたちが手作りの招待状を出した保護者たちも到着して、いよいよディナー開始です。子どもたちのために、たくさんの保護者が来てくれたのも本当にありがたいことでした。

完成したカレーをお皿に盛ってみると、あれだけ大量にあった肉もジャガイモも、全部消えている！　すっかり煮とけて、影も形もなくなっていました。しかし、それなりによいカレーの香りがします。

このディナーを記者が取材に来ていました。彼が恐る恐るカレーを口に入れるのを、子どもたちは興味津々で見つめています。

「おっ、フツーにうまい！」

大人のリアルな反応に、子どもたちが喜んだこと喜んだこと。考えてみれば、大きな寸胴鍋でたっぷり6

手作りのカレーを手作りの器で。おかわりが進まないわけがない！

時間も煮込んだカレーがまずいわけないんです。調理時間だけなら専門店にも負けていません。

5杯もおかわりした子がいたり、保護者もどんどんおかわりしたりして、180人分のカレーはあっという間になくなってしまいました。その後、クラスの男の子Mが優雅にバイオリンを披露しました。クラスのスターである彼についての様々なエピソードは、もう少し後で書くことにします。

こうして、「時代おくれの2からディナー」は大成功のうちに幕を下ろしました。食材のように、いろいろな教科がカレー鍋の中で煮込まれ、溶け合い、子どもたちの「栄養」になったのです。

ちなみに……燃やしたマキはほとんどが校庭の桜の木だったので、その後2日間くらい、ボクや子どもたちの体からは強烈なにおいが取れませんでした。

＊

こうして、2年2組は〈3代目・世界一のクラス〉となりました。

新年度に3年生に上がった子どもたちは、クラス替えでいったん解散。ボクも5年生のタンニンになったため、彼らとはお別れです。そして2年経ち、再び5年生をタンニンしたボクのところに、伝説のディナーを共にしたクラスの3分の1が帰ってきたのです。

２０１４年度の始業の会で、ボクが5年1組のタンニンと発表された時、Mをはじめ旧2年2組の子どもたちは大喜びでしたが、それ以外の子どもの反応は正直微妙でした。ボクをあまり知らない子にとっては、髪の毛を立てて赤いポロシャツを着た、見た目がちょっとコワい先生だからでしょう。

「このクラス、オールスターですねぇ」と、クラスが始まったころ、保護者の一人に言われたことがあります。その時はよくわかりませんでしたが、どうも、4年生の時に「やんちゃ坊主」と思われた子がたくさん集まっていたらしい。でもそれは望むところ。だって**やんちゃな子はパワーがあるから、方向さえ合わせてあげればスーパースターになれる逸材**なのです。「ボクがその子たちを輝かせてやるぞ！」とかえってファイトが湧きました。

こうして、〈5代目・世界一のクラス〉の2年間がスタートしました。

最初の授業の時、ボクは子どもたちに言いました。

「ただいま！」

「おかえり！」とMが大きな声で返してくれました。

5 花畑の伝説

2015年、2学期を迎えた6年1組の教室では、花畑がじわじわと増殖していました。

花畑とは、教室の背後の壁にある、色とりどりの「紙のお花畑」のことです。この花は、子どもたちが一つ「プロジェクト」を達成するごとに原則一つ増えます。花がつけられている台紙に、プロジェクトの名称と、参加したメンバーの名前、達成のひと言コメントが書かれています。この壁は「Hall of Fame」、つまり「殿堂」とクラスで呼ばれていました。

教室の入り口の扉には、現在進行中のプロジェクト名が束になって貼られていました。ちょっと読んでみます。

AOK　IKK　YST　TSC　GSC　HOC……

わけわかりませんね。怪しい暗号みたいです。解読してみましょう。

教室の扉には現在進行中のプロジェクト名が所狭しと貼られていた

ＡＯＫ＝新しいおにぎり開発。家庭用ラップの会社が「気持ちを伝えるおにぎりコンテスト」を開催していて、それに応募するためのプロジェクト。

ＩＫＫ＝日本漢字能力検定協会の「今、あなたに贈りたい漢字コンテスト」に応募するプロジェクト。コンテストならＫじゃなくＣだろう！　と一応ボクも突っ込んでいますが、間違えてもこのクラスは気にしません。

ＹＳＴ＝これは「よみうり写真大賞」に応募するプロジェクトですね。

ＴＳＣ＝図書館振興財団主催の「図書館を使った調べる学習コンクール」への応募。

ＧＳＣ＝朝日小学生新聞の「学校新聞コンクール」への応募。

ＨＯＣ＝市進教育グループ主催の「小学生俳句王選手権」への応募。なぜか最後はＳでなくＣ。

ほかにもいろいろあります。その時は、30くらいのプロジェクトが同時進行していたらしい。ボクもすべてを把握していたわけではありません。

1学期に、ＮＫＳ＝「夏のコンテストを探す」（だからＣなんだけど……）プロジェクトのメンバーが、夏休みの間の公募コンテストを探してリストアップ。ボクのクラスの夏休みの自由研究は「コンテストに二つ応募する」でした。クラスの中でコンテストごとにプロジェクトが立ち上がり、夏休み明けに子どもたちの作品が提出され、集まった作品をＣＤＫ＝「コンテスト出したかどうか確認」（このCはあってるね）プロジェクトのメンバーが、応募先別に封筒に入れます。子どもの間だけで仕事がシステマチックに完結していたのです。

ボクはどんなプロジェクトにも直接タッチしませんでした。やり方について口を出すこともありません。応募原稿が入ったデカい封筒を子どもたちにまとめて渡されて、せっせと郵便局に運んでいただけです。

この花畑、1学期末ではまだ30個くらいでしたが、10月くらいからみるみる増えていきました。2学期になって、こうしたコンテストで子どもたちが次々と結果をゲットし始めたからです。

文具会社が新商品のアイデアを募る「100年文具への道大賞」で3人入賞。清涼飲料自販機協議会の「清涼飲料自販機アイデアコンテスト」で作文の部最優秀賞1人、デザインの部優秀賞1人、佳作1人。法人会女性部会主催の「税に関する絵はがきコンクール」（東京局）で金賞1人、優秀賞3人。全国学習塾協会の「全国読書作文コンクール」で入選1人。

毎週のようにクラスに吉報が舞い込んできました。そのたびに、受賞した子がハイタッチ攻めにあったり、プロジェクトと関係ない子たちが抱き合って喜んだり、もう大変な騒ぎ。ひとりの栄誉はクラスの栄誉。その証しが「殿堂」に咲き乱れる花々でした。

もちろん、応募したのに、かすりもしなかったコンテストもこの10倍以上ありました。「でも、**出さなきゃ絶対当たらない！**」と子どもたちはめげずにどんどん応募していったんです。こういうコンテストでは、数を撃つのは大事なことです。一つだけに絞って出したものが落選すると「がっくり感」が大きいですが、数出しまくって落選が普通になれば、当選（受賞）だけがうれしくなるものなんですよね。

卒業までにこの花を１００個にすることが、子どもたちの目標でした。

＊

新しくプロジェクトを立ち上げたい時は、朝の会か帰りの会に、起案者が全員の前でプロジェクトの説明をします。例えば「こんなコンテストがあるから応募してみたい」とか。その場で賛同者が１人以上いればプロジェクト成立です。つまり、最低２人いれば承認。プロジェクトは基本的に期限つきで、期限内に達成できれば、花をつけて殿堂に飾ります。

教室の壁でどんどん増殖していった「花畑」。最後は壁からあふれて扉の上にも花が咲いた。授業参観に来た人はたいがいビックリして見入っていました

ゴールに期限があるからこそ、ラストスパートしようと頑張る。いつまでもダラダラと延長ありでは子どもたちの意欲も下がってしまいます。

38人のクラスで30以上のプロジェクトが同時進行していたということは、多い子は四つも五つも入っていたんでしょう。実はボクもメンバーの全容をよくわかっていなかったのです。「ひとつも入ってない子はいないの？」と聞くと、ちゃんとプロジェクトの全体をカウントしてる女の子がいて、「ご心配なく。全員二つ以上入ってます」という答えが即座に返ってきました。

おとなしい子は、みんなの場でなかなか参加の手を挙げづらいでしょうが、そういう子はぇてして得意分野や特殊技能を持っているので、あとから個別にスカウトされたりしていたそうです。つまり、このクラスでは、お互いの特技についてのリスペクトができていたということなんです。さすが、運動会でも抜群のチームワークを発揮したクラスだけのことはあります。

プロジェクトはコンテスト応募だけでなく、ありとあらゆることに及びました。

例えば「ティーチャー系」プロジェクトというのがありました。子どもが独自にテーマを立てて、ボクの代わりに授業をするというものです。これについては後で詳しく説明します。

漢字テストで満点者を増やすプロジェクトや、プロジェクトが達成された時、紙の花を作って飾る作業も専門のプロジェクトメンバーがいました。挨拶の時のハイタッチ推進とか、給食をさっさと終えるようにするプロジェクトとか、簡単なものも難しいものもあってゴチャゴチャです。

特に名誉ある、輝かしいプロジェクトの達成は、殿堂の一番上に張り出して四つの花がつけられました。これはクラスメートからの祝福の意味も込められています。「ナニコレ珍百景」「運動会優勝」「100年文具大賞」「学校新聞コンクール」などですね。そう、ダンシング掃除の「ナニコレ珍百景」への応募も、「モンスター4」が世田谷区の区民陸上大会に出場したのも、実はこうしたプロジェクトの一環だったのです。

＊

このように、クラスの中でプロジェクトを同時多発的に発生させるやり方は、ボクとしてもこの2015年度の6年1組が初めての試みでした。ボクはそれまでどちらかというと、一つの大きなゴールを最初に設定し、その実現に向けて子どもを役割分担させる方が得意でした。たとえば、前章で書いた2年生の「時代おくれの2からディナー」が典型です。その前の年、4年生でやった映画製作もそうでした。監督班、カメラ班、ダンス班、デコ（大道具・小道具）班に分かれて、子どもだけの力で映画を作りました。まあ、完成したものは劇映画というより、クラスのプロモーションビデオみたいなものでしたが。

こういう「単一目標・役割分担型」は、みんなの中でゴールが共有されるので、全体の意欲は高まります。その反面、やれる子がどんどん先走ってやっちゃうところもあって、個々の子どもにとっては、いまいち活躍できなかったり、達成時の「自分も頑張った感」がちょっと足りなかったりするかな、と思うことがありました。ボクも毎年同じことをやっているわけじゃなくて、学年や子どもたちに応じて、いろいろとやり方を進化させているわけです。

個別並行プロジェクト制のメリットは、やりたくないことはやらないでいいところ。自分が好きなこと、興味があることだけ選んでやればいいのです。プロジェクトを立てるハードルが割と低いので、自分で目標を設定することも自由です。**子どもひとりひとりの多様な「やる気」を引き出すためのシステム**なんです。

ただ、やはり最後には、あいまいでも大きな目標があった方がいいとボクは思いました。そうしないと、プロジェクトを立てるモチベーションが長期的に維持できないからです。

1学期に6年1組で立てた卒業までの最終目標とは、これでした。

ボクたちは、世界一のクラスになる。
その仕上げとして、卒業遠足で帝国ホテルのレストランに行ってランチを食べ、みんなでリムジンに乗って学校に帰る。

帝国ホテルには「インペリアルバイキング　サール」という、日本で初めてバイキング形式を作った老舗のブフェレストランがあります。そこで名物のローストビーフをたらふく食べ、あの車体の長～い豪華リムジンで学校に帰ろうというのです。リムジンは大型でもせいぜい10人くらいしか乗れないので、クラス全員で乗るには数台チャーターする必要がありそうです。「どうやってこれを実現しようか？」と、ボクは子どもたちに問いかけました。「かなりおカネがかかるぞ。どうする？」

小学生にアルバイトはできません。その代わりとして、子どもたちが思いついたのが「コンテストでの賞金稼ぎ」でした。とにかくたくさんのコンテストに応募して、賞金を貯めて、帝国ホテルへの資金にする。子どもたちにとって、コンテスト入賞は栄誉であるとともに、実利をともなう手段でもあったのです。

「え、小学校でそれをやるの？」と、顔をしかめる人もいるかもしれません。しかし、これまで書いてきた通り、ボクはプロジェクトの内容に基本的にノータッチだし、このコンテストに応募しなさい、と指示したこともありません。

「帝国ホテルで食事」という目標が共有されて、その実現の方法について子どもなりに考えた答えが、クラス一丸となっての「賞金稼ぎ」＝コンテストへの応募でした。それは誰かにやらされているのではない、**子どもたちが自分で見つけた「自分たちのチカラでやりたいこと」だ**

ったのです。

ボクは前にも書いたように、子どもたちのコンテスト応募作品をほとんど見ませんでした。だから、子どもたちが次々と入賞を果たしたのは、彼らの実力以外のなにものでもない。そのことがボクは素直にうれしく、誇りに思っています。

思うようにコンテストで成果を上げられなかった時期、心配した保護者が〝資金援助〟を申し出てくれたことがありました。普通ならありがたい話。しかし子どもたちは「それじゃ意味がない！」ときっぱりお断りしたんです。

実は、「帝国ホテル」が目標になる前は、ディズニーランドという案も子どもたちから出されました。しかしボクが却下しました。なぜって？　そんなの、他にもありそうな感じがするからです。実際、ボク自身が中学校の卒業旅行でディズニーランドに行っています。

ボクは、あの子たちが一生の思い出に残るようなことを体験させてあげたかった。大人になっても「あの時は……」と懐かしく振り返るような、**「究極の非日常」**でなければならないと思いました。

小学生の集団が、帝国ホテルの豪華レストランでランチに舌鼓を打つ。周囲の大人はびっくりするでしょう。「本物の場所」が学びとなって子どもたちを育てる。そしてその思い出は、子どもたちが大人になっても、いつでも開けることのできる「永遠のタイムカプセル」になるはずだ――。ボクはそう思ったのです。
なお、この時は帝国ホテルでの「ランチ」が目標でしたが、その後「ディナー」に上方修正されました。その理由については、後で書くことにします。

＊

先ほども少し触れましたが、2015年度の6年1組には「歴史ティーチャー系」という一連のプロジェクトがありました。「ボクの代わりに、子どもたちが先生になって授業をする」プロジェクトです。ボクはその時どこにいるかというと、授業を受ける子どもたちの側に座って、同じように机でせっせとノートを取っています。

このティーチャー系プロジェクトは、「世界一のクラスは、勉強もある程度できないと！」という子どもたちの思いから始まったのですが、いわゆる「アクティブ・ラーニング」の先取りだと自負しています。

6年1組で、子どもたちによる授業が初めて行われたのは1学期の6月です。プロジェクト名はSTT＝聖徳太子ティーチャー。その少し前に、男の子1人、女の子2人の3人組が、「ぬまっち、今度歴史で聖徳太子やるでしょ？　自分たちで授業やってみたいんだけど」と言いに来ました。ほうと思って、「面白そうじゃん、やってみよう」とボクは答えました。

それまで、歴史の授業は例年通りにやっていました。とはいえ「沼田式授業」なので、教科書通りじゃありません。縄文・弥生時代の後、邪馬台国の卑弥呼を取り上げる時に、こんな宿題を出しました。

「卑弥呼って実は謎だらけなんだ。女王になってからほとんど人前に出なかったらしいし、確実なことは何一つわかってない。本当にいたかどうかさえわからない。今の卑弥呼像は、いろいろな研究者が史料の断片から推測した『仮説』に過ぎないんだよね。だからキミたちも卑弥呼についての『仮説』を立ててみよう！」

どんな仮説でもボクは受け容れるけど、ただの妄想じゃダメ。その仮説を導き出した「根拠」をちゃんと調べてね、と言って。

で、全員にノートに書かせて提出させた。それがけっこう面白かったんです。

子どもが先生となって授業をする「織田信長ティーチャー」プロジェクト。チームがリレー形式でクラスメートに講義した

【卑弥呼美白説】

「魏志倭人伝」によると、卑弥呼は中国・魏の皇帝から100枚の銅鏡を贈られた。京都で出土した「三角縁神獣鏡」がその鏡だという説もある。銅鏡は現在の鏡と違って、茶色く曇っているため、それで自分の顔を見た卑弥呼は「ヤバ、顔黒すぎ！」とショックを受けた。王といえども一人の女性、卑弥呼は美白肌を大切にしていたため、日焼けを恐れて、一切外に出なくなった。後世の史料が少ないのはそのためである。

【卑弥呼アンドロイド説】

最初、倭国には男の王がいたが、国がまとまらず内乱が絶えなかった。タイムマシンでそれを見ていた未来人が、「あいつら大丈夫？ 政治のやり方がわからないんじゃないの？」「こ

「子どもティーチャー」授業では、タンニンも真面目に聞いて授業ノートを取ります

のままだとオレたちの未来も消えちゃうよ?」と心配して、女性型アンドロイド=卑弥呼を送り込んで女王にした。(ドラえもんか!)機械であることがばれないように、彼女の言葉は常に「弟」(のび太?)を通じて伝えられた。だから誰も卑弥呼の正体を知らなかった。

まあ笑っちゃう説ですが、銅鏡にせよ、倭国の乱にせよ、「魏志倭人伝」に書かれているので歴史的根拠はある。その上でオモシロ話を作っているから、「仮説」になっているとボクは思ったんです。

子どもたちも楽しかったらしい。きっと調べているうちにたくさんの「へぇ」があったんでしょう。小学校の教科書には出てこないにもかかわらず、魏志倭人伝に記述がある卑弥呼の宗女(後継者)「壱与《いよ》」の名を多くの子どもが知っていました。子どもたちが自然にそこまで調べていたことを実感して、これはイケると思いました。この卑弥呼仮説授業が、ティーチャー系プロジェクトのきっかけになりました。**自分で調べて、知識を増やしていくことは面白い。**「なるほど、自分で勉強するにはいいシステムだ」と子どもたちが気づいてくれたんですね。

また感心することに、彼らは彼らなりに授業をけっこう面白く組み立ててくる。パワポ作りも大人が驚くほど巧みなんですが、それについては、5年生の時に「勝手に観光大使」で磨いた技が生きているというわけです。
聖徳太子ティーチャーの後は、メンバーを変えながら、歴史の授業がどんどんプロジェクト化していきました。

FMT＝藤原道長ティーチャー
TKT＝平清盛ティーチャー
MYT兄&MYT弟＝源頼朝&義経の合同ティーチャー
HMT＝北条政子ティーチャー
HTT＝北条時宗ティーチャー
ATT＝足利尊氏ティーチャー
AYT＝足利義満ティーチャー

うまくいく時ばかりではありません。「足利尊氏ティーチャー」の時は、よく調べているんだけど、情報がブツ切れで流れを見失ってしまい、聞いている子どもたちから「よくわからない」と言われたメンバーが、目に涙をためながら「もう一度やらせてください！」と言ったこともあります。彼らは後日、授業をやり直して見事リベンジを果たしました。

ティーチャー系授業はやって終わりではありません。授業を聞いていた子たちのノートをぜんぶ回収して、クラスメートの疑問にひとつひとつペンで答えるという「アフター授業ケア」があります。授業ノートを取る時、その場で解消できなかった疑問点は、ノートに「青字」で書き込むのがボクたちのクラスのルールです。子どもティーチャーたちは全員のノートを読み、青字に対する答えを書き込んで戻しました。

「子どもが他の子のノートチェックまでするの？」。当然です、彼らは「先生」なんだから。ボクの青字にも、彼らはきちんと答えてくれましたよ。

ある家では、父親と子どもの間でこんなやりとりがあったそうです。

「パソコンでいつまでも遊んでんじゃない！」

「違う、これは勉強なんだよ！」

「小学校の宿題でそんなにインターネットが必要なハズないだろう！」

その子もやっぱり歴史ティーチャープロジェクトのメンバーで、自宅のパソコンで戦国武将について長時間調べものをしていたらしい。それなのに「遊んでる」と濡れ衣を着せられて、その子は泣いて抗議した。よく見てみると、本当に歴史関係のページしか閲覧していない。お父さんはその子に謝り、プリンターでの出力を手伝ってくれたそうです。

ボクも本当は紙の本で調べたほうがいいとは思うけれど、やはりネットはスピード感があるし、しっかり選べば信頼できる情報も多い。前にも書きましたが、小学生でもメディアリテラシーをきちんと教えた上で、パソコンやインターネットを勉強で活用するのは悪いことじゃないと思っています。

リベンジを果たした「足利尊氏ティーチャー」のひとりは、誕生日のプレゼントに、足利尊氏の伝記本を親にねだったそうです。親もびっくりしただろうなあ。その子はもう、尊氏に関してはボクより圧倒的に詳しいわけです。

＊

小学生って何のために勉強するんでしょう？

親は「将来のため」って言うかもしれませんが、小学生で勉強する理由について理解しているのは、医者か弁護士を目指している子くらいでしょう。資格を取るにはどうするか、という目標が明確だからです。それ以外の子たちは、勉強する意味がよくわかっていない。学校で勉強を「させる」ことが難しいのはそこです。

でも、子どもたちは楽しければ勝手に勉強する。子どもの知的好奇心は本当はとっても高いからです。ボクは子どもティーチャーにも（生徒として！）容赦なくツッコみますが、けっこう難しい質問にさらりと答えてくる。そんな時、ボクは大げさにビビってみせます。いや、マジでビビっているのです。

クラスメートの前でしゃべるのが楽しいから、タンニンをビビらせるのが楽しいから、彼らは歴史ティーチャーをやりたがる。それでいいのではないかと思います。

もう一つ大事なことがあります。**子どもがやる授業は、子どもが真剣に聞く**んです。授業をする側と受ける側に、強い信頼関係があるからです。

ボクは授業で子どもとの間に学びの場をつくります。でも、ティーチャー系授業は、子ども同士がつくりあげる学びの場です。その時ティーチャーでない子も、自分の経験を基に、これからティーチャー役をする子によくアドバイスしていました。ボクがアドバイスするより、胸に落ちやすかったかもしれない。ティーチャー系授業には、クラスの一体感を高める力もあるんです。

＊

2015年10月31日の「藤の実フェスタ」は、この5か月間の「歴史ティーチャー系プロジェクト」の中間決算となる舞台でした。

ボクたちのクラスの出し物は、まずTPS＝「達成プロジェクト紹介」チームが、プロジェクトの仕組みと最終目標（つまり、帝国ホテルとリムジン）を保護者にパワポで紹介。その後、

AHT＝「飛鳥平安ティーチャー」とKMT＝「鎌倉室町ティーチャー」が公開授業を行いました。さらに、「ダンシング掃除」を2回披露しましたが、2回目はダンスだけ。テレビ放映で話題になっただけに、「掃除はいいからダンスを全部見せて！」という保護者のリクエストが多く、それに応えたのでした。これらのプログラムを組み立て、プロデュースしたのが、FHK＝「フェスタ本気で考える」プロジェクトチームでした。

AHTとKMTは、これまでやってきたティーチャー授業を基に、それぞれ30～40分の公開授業にまとめ直したものです。「生徒」は保護者の皆さんでした。

子どもたちはこの日のために、何日もかけてリハーサルを繰り返しました。ある子のプレゼンに関して、クラスメート同士でかなり厳しい意見が飛び交い、「ちょっとキツすぎない？」という声も出ました。でも、ボクは言いました。

「今はそういう時間なんだ。言われた彼女だって決してイヤじゃないはず。ボクたちはチームなんだから、今気づいたことは全部言わなきゃダメだ。それはきっと本番で生きてくるから」

リハーサルの時にボクが言い続けたのは、「自分の言葉でしゃべれ」ということです。シナリオを丸暗記して、一言一句間違えないでしゃべれたとしても、それは勉強にはならない。大事なのは歴史の流れを理解することで、その時その時で表現する言葉が変わってもいい。たとえ間違ったっていいんです。

「諸説あります」

　ボクは、教室の壁にでかでかとこう書いた紙を貼りました。「これ、キミらのお守りだから」

　卑弥呼だって厩戸皇子（聖徳太子）だって、誰も実際に会ったことはないんだから、本当のことはわからない。誰かにツッコまれて困ったら「諸説あります」。子どもたちだってちゃんと調べているので、根拠がないことはしゃべっていない。ただ、学説もどんどん新しくなるし、歴史解釈の違いもあるから、議論が平行線になることもあります。そこは守ってあげないといけないと思ったのです。

　本番の日は、ボクは何もすることがありません。保護者の人たちと話をして、一緒に授業を聞いているだけでした。

　子どもたちはさすがでした。いつもの授業のように、一方的にしゃべるのではなく、常に観客（＝保護者）

黒板の右上の壁に貼られた「諸説あります」

を巻き込もうと工夫しています。

たとえば、飛鳥平安ティーチャーで「武士の起こり」を説明する時、「最初の武士の姿はなんだったと思いますか？」と、保護者に質問を振った子がいました。でも、後ろのパワポ画面には答えが書いてある。指された保護者が「……農民？」と答えると、振り返って「あれっ、書いてありましたね！」。ここでドッと笑いが起こりました。場がほぐれます。

この部分、実はツッコミ待ちの「仕掛け」でした。リハーサルの時に、「答え、後ろに出てるじゃん」と子どもたちも気づいていました。でも、子どもたち自身が「それをツッコんでもらうの、むしろ面白くない？」と判断して、あえて残したんです。失敗と見せて笑いを取る高度なトーク術でした。

ある男の子は、最前列にいた自分の母親に、「どう思いますか、そこのオネーサン！」と振って、一瞬の静止の後、その親子を知っている保護者たちは大爆笑。場が一気にあたたまりました。これはなかなか言えないと、ボクも感心しました。

子どもが一所懸命やるから、大人がリアルに驚いたり、笑ったり、感心したりしてくれる。その緊張感がどれだけ子どもたちを成長させていることか。用意した椅子が足りなくなるくらい来てくれて、そんな「学びの場」を一緒に作ってくれた保護者の皆さんには、深く感謝しています。

「よく頑張ったけど、プロとしてもう少しできたんじゃない？」

フェスタが終わった後、ボクはあえて突き放しました。「プレゼン力はついたけど、トークのテクニックが全然足りない。テンポが悪いし、もっと抑揚もつけなきゃね」

ボクは本物志向なんです。簡単に手放しで褒めるわけにはいかない。厳しすぎますか？　いや、この子たちならもっとできるんですよ。ボクはそう信じているから、ハードルを上げ続けることができる。

そうすると、子どもたちが口をそろえて叫ぶんです。うれしそうに。

「出たぁ、期待という名のプレッシャー！」

＊

子どもたちがどんなプロジェクトを達成したかで、ボクが成績をつけることはありませんでした。いくつ花を

卒業文集より

クラスメイトが受賞していくのに対し、ぼくは、すごいと思ったが自分が受賞しようとは思っていなかった。だけどしゅうさくが受賞したときにぼくの気持ちが変わった。受賞したしゅうさくがすごいと思うだけじゃなく、うらやましい、自分もとりたいとも思った。気持ちが変わったのは、クラスに少しでも貢献したいと思ったからだ。

（ともや）

ゲットしようと、多額の賞金を稼ごうと、点数的な評価はしません。子どもたちもそんなこと期待していません。自分たちで楽しいからやっているだけです。

しかし、**プロジェクトを熱心にやる子は、勝手に成績が上がっていく**ものです。彼らが探してくるコンテストは、当然小学生対象のものなので、多かれ少なかれ教育的要素が入っています。作文を書いたり、デザインを描いたり、アイデアプランを立てたり。そのために全力で頭を絞るのだから、ふつうに勉強しているのと同じか、それ以上でしょう。彼らもそれに気づいていたと思います。

それにしても、ボクが教室に貼った「諸説あります」という言葉を、子どもたちはずいぶん気に入ってくれたようです。その後、卒業までこの看板が外されることはありませんでした。さらにその言葉は、卒業の日に意外な形で登場することになります。

6 ワードバンク

みなさん、文章を書くことは好きですか？

なぜこんなことを聞くかというと、２０１６年度にタンニンした3年3組の最初の授業で「作文が苦手な人、手を挙げて！」と言ったら、ほぼ全員が挙げたからなんです。８歳にしてすでに作文に苦手意識がある。うまく書けないと思っている。

では中学生になったら、高校生になったら、大人になったら、自然に作文がうまくなるんでしょうか。文章を書くことが好きになるんでしょうか。ボクにはそうは思えない。３年生の時点で作文が嫌いだったら、何かのキッカケがない限り、大人になっても苦手意識はどこかに残ったままでしょう。

逆に小学生の時に「作文って楽しい！」と思えたら、その後もどんどん楽しくなってくるはずです。好きだからどんどん書く。どんどん書くから、自分の上達がわかってまた好きになる。正のスパイラルです。一方、嫌いになると書かないから、上達もしない。うまく書けないから、さらに嫌いになる。こっちは負のスパイラル。ボクは負のスパイラルを、どこかで正の方向に変えてあげたい。では、どうすれば作文が「勉強」ではなくなり、書くことが楽しいと感じられるようになるんでしょうか。

*

「そんなの知ってるよ、と思ってる言葉も、よーく考えたら知らないってことがあるんじゃないかな?」と、ボクは「作文が苦手」という子どもたちに問いかけます。

「たとえば、理科で『観察しよう』って言うけど、『観察』って言葉の意味知ってる?」

うちのクラスの子どもたちはいつも国語辞書を持っているので、その場で調べて「物ごとを注意してよく見ること!」とすぐに答えが返ってきます。

「ふーん、じゃあ『注意してよく見る』ってどういうこと? キミたち、本当に注意してよく見てる? 触ったりひっくり返したりして見てるの?」

子どもたちはシーンとしてしまいます。「観察=注意してよく見ること」は、「ただ見ること」とは違うみたいだ……。自分たちの理解が浅かったことに気づきます。

「ね? 知ってたはずの言葉を実はよく知らなかった。だから言葉って面白い。これから調べてわかった言葉をどんどん貯金しよう。貯金額が増えれば、君たちの言葉が豊かになるよ!」

ボクはこれを**「ワードバンク」**と呼んでいます。そのまんま「言葉の貯金箱」。ひとりひとりが専用のノートに調べた言葉をどんどん書いていく。使える言葉をチャリーンと貯めていくわけです。そのために、ボクのクラスではどんな授業でも辞書が必需品となります。理科の授業でも、算数の授業でも、わからない言葉があったら、その場で子どもに辞書を引いてもらいます。

ワードバンクとは、ボク式の国語学習メソッドの総称でもあります。世田谷小に赴任した最初からいろいろ模索していましたが、その方法論が確立したのは、２０１１年度の２年２組の時でした。

ワードバンクは２年生や３年生でやると子どもがグンと伸びる学習法です。辞書を引くクセをつけるのは低学年のうちがいい。高学年と違って、ほんの少し火をつけただけで、たちまちボッと燃え上がるからです。「超楽しい！」と言いながら、昼休みにまで辞書を引くようになります。ネットサーフィンと同じで、ある言葉を引くとその説明にある言葉をまた知りたくなって、いつまでも止まらない。おろしたてのスポンジみたいに、どんどん新しい言葉を吸収していきます。それまでほとんどまっさらだった辞書が、いろんな色の付箋でみるみる膨れ上がっていくのを見るのは楽しいものです。

辞書が付箋でみるみる膨れ上がる

「ごっちゃになりやすいのが『意見』と『事実』。まず、この言葉の意味を調べるところから始めよう！」とボクは子どもたちに言います。

- 意見――ある物ごとについてもっている考え
- 事実――実際にあったこと

辞書にはこのように書いてありますが、本当に意味を理解しているかな？　ボクは子どもたちを試してみます。


「『きょうは晴れです』。これは意見？　事実？」

「事実！」

「『晴れているので気持ちがよいです』」

「……意見」

「『ここは世田谷小学校です』」

「事実！」

「『きょうはちょっと暑いです』」

「事実！」「人によって感じ方が違うから、意見！」

「そうだね。暑い国から来た人は暑くないかもしれないしね。じゃあ『気温が28度なので暑いです』は？」

「事実と意見の両方！」

「では『チョコレートは甘いです』は？」

「意見！」「事実！」

「実際には甘いけれど、甘さの感じ方も人それぞれだしね。あんまり甘くないチョコもあるし。……というわけで、実は『意見』と『事実』って境目が意外とあいまいなところもあるよね。それを分かった上で、**インパクトライティング**をやるよ！」

＊

よい作文には「インパクト」がある。

これがボクの作文に対する持論です。インパクトの中身は**「自分がこの作文で一番伝えたいこと」**です。その思いが強ければ強いほど文章にインパクトが生まれ、読み手の心に残る作文になります。そのためにはまず冒頭の1行目が大事です。ボクは「インパクトスタート」と呼んでいます。強烈な出だし。「事実」と「意見」では、「意見」が強めになる部分です。

小学生の作文でよく見かけるのは、例えば、「私は◯◯で××です。」「私はきょう△△しました。」という書き出しです。最後の締めは「楽しかったです。」「またやりたいです。」が多いですね。こう教えることが間違いだとは思いません。ただあえて言うなら「普通」なのです。こういう文章は友だちも先生も見慣れているから、目の前を通りすぎてしまう。特に興味を惹かれないのです。

「話すなら、聞く人が興味を持つような話をしよう！」

ボクが子どもたちにいつも言っていることです。作文でもまったく同じことが言えます。ボクが教えたいのは「人が最後まで読みたくなる作文」です。「魅力のある作文」と言ってもいい。この点において、小学生が書く作文も、プロ作家が書く小説やエッセイも、目指すところに本質的な違いはないとボクは思っています。

ベランダで感じるみずみずしい風。口で感じる、
「さくっ」
とした食感。まさに天国だ。

これは2016年に3年生が書いた作文の冒頭です。ボクはまったく手を入れていません。いきなり体言止めの情景描写で引き付け、擬音も効果的。彼は何を食べているんでしょう。続

きが気になりませんか？　ちょっと教えただけで、子どもなりの感性があふれ出て、こんな驚くような文章を書いちゃうこともあるんです。後でその子に聞いたら、「インパクトがある言葉を探してたら、旅行のパンフレットがヒントになった」と教えてくれました。いいねえ、その応用力！

インパクトスタートが成功したら、その次は「クリアストーリー」です。スタートで演出した「何だろう？」を読者にクリア（明瞭）にする部分。状況を説明する中間パートです。当然、「事実」が強めになりますね。短く簡潔な文章をつないで、テンポよくモタモタしないのが肝心です。

最後は「ドラマチックフィナーレ」です。思い切り盛り上げて締める。ここは当然「強い意見」になりますが、情景や事実を描写することで書き手の意見を感じさせる高度な文章技術もあります。

- インパクトスタート——強烈で印象的な出だし（意見強め）
- クリアストーリー——簡潔にわかりやすく説明（事実強め）
- ドラマチックフィナーレ——気持ちを強くまとめる（意見強め）

この三つを常に意識して書くことが、インパクトライティングのポイントです。ちなみに、この三つのキーワードの名付け親も先の2年2組の子どもたちでした。

この方法は大人になっても十分に使えるはずです。たとえば大学生が就活などで書くことがある「小論文」も、基本はこの3点に集約できます。小学3年生までにこれを身につけておけば、一生役立つこと請け合いです。

2016年5月のワードバンク授業で、ボクは3年生の子どもに作文のテーマを示しました。運動会が近かったので「うんどうかいにむけて」。

これから黒板のタイマーをセットして書き始めるわけですが、その前に大事なことがあります。

「今日のNGワードをみんなで決めよう！」

子どもたちから悲鳴のような声が上がります。

*

今日は◯◯できて、うれしかったです。

今日は××したので、たのしかったです。

文法に何ら問題はありません。小学生としてきわめて普通の作文です。しかし、もし、「うれしい」「たのしい」という言葉が使えなくなったら？　便利でイージーな表現が禁じられたら子どもたちはどうするでしょう。

ボクがこれを初めて試してみたのは、２００９年度にタンニンした3年生でした。作文で「うれしい」「たのしい」という言葉を使うことをＮＧにしてみたのです。すると、

心に花が咲いた
心が温かくなった

という「心シリーズ」を子どもたちは発明しました。さらに意地悪く、「心」もＮＧワードにしてみました。すると、

今なら空を飛べる気がする

のような、文学的とも言える比喩表現を使う子が現れて感心しました。

イージーな表現が使えなくなると、文章の上手な子は次々と新しい表現を生み出すことがわ

かりました。それはそれですばらしいのですが、このままだと文章がうまい子のためだけの授業になってしまう。さて、どうしたものか。

＊

「運動会について書くんだから……『がんばる』をＮＧにしようか」と、ボクは黒板に、

ＮＧワード：がんばる

と書きます。

えぇー？　という子どもたちの声。

「それと『練習』もＮＧだな。『練習がんばります』とかダメだよ」

えぇえぇー⁇　さらに不満のオクターブが上がります。

そのほか、「いっしょうけんめい」「すごく」「たのしい」「ぜったい」「優勝」「勝つ」などもどんどんＮＧワードに追加します。「いっしょうけんめい練習して、ぜったい運動会で優勝します」みたいな、多くの子が書きそうな表現をあらかじめ封じてしまいます。

「何でこんなにＮＧワードが多いの？」と子どもたちはブツブツ文句を言います。そのくせ、

面白がってどんどんNGワードを提案するのも子どもたちなのです。

「自分が一番思いつきそうな、使いそうな言葉をNGにすると、どんどん成長するから！」とボクは励まします。顔や口調は不満そうでも、子どもたちが本音ではけっこう楽しんでいることを、ボクは知っているからです。「ペンキぬりたて」と書いてあるとつい触りたくなるように、大人も子どもも、**ものごとを制限されるとかえってやりたくなる習性**があります。ダンシング掃除がその原理だったことを思い出してください。

NGワードの発想については、忘れがたい思い出があります。

2011年3月11日に東日本大震災が起こりました。このため、ボクがタンニンしていた4年1組（2代目・世界一のクラス）はきちんと修了の会ができませんでした。東京電力福島第一原子力発電所が停止した影響で、しばらくの間、首都圏の夜から明かりが消えました。それまで毎日当たり前に使えていた電気が急に使えなくなった。しかし、東京にそれほど大きな混乱は起きませんでした。節電するとか、キャンドルを使うとか、早めに寝ちゃうとか、生活の工夫で何とかすることができた。

そんな中、みんなで集まって鍋パーティーをする機会がありました。節電のため部屋の照明を落として、でもそれがいいムードになって、結構楽しかった。よけいな電飾を消した街も、それはそれでキレイなものでした。電気はあったら便利だけど、なければないで工夫して楽しめるものだなあ。いつもあったらこんな工夫しないよな、とボクは思いました。

言葉だって、そうじゃないか？　とふと思いました。ボクはこの時、ＮＧワードは授業でイケると確信したのです。

「かわいい」とか「うざい」とか「やばい」とか、その一語であらゆることが表現できる言葉が、とくに若者の間で多いと思います。それさえ使っておけば、何となくみんなの間で通じるような便利な言葉。でも、本当に通じていますか？　それらの言葉がＮＧになったら、代わりにどんな表現を使いますか？　時にそう考えることが、豊かな言葉の獲得につながるとボクは思っています。

インパクトライティングとＮＧワードで、作文が得意な子はどんどん伸びます。しかし、作文が苦手な子は立ち止まってしまいます。なかなか新しい表現が思いつかないからです。ボクはそれに気づいていました。学校の授業としてはもう一工夫が必要です。

＊

20分たってタイマーが鳴ると、作文タイムは終了です。

「ではこれから、**ルパンタイム**！」とボクは宣言します。

おなじみルパン三世は狙った獲物を盗んだ後、コミカルな似顔絵のついた犯行声明を残していきます。

「このお宝はいただいたぜ！」

ルパンタイムも同じです。

「この言葉はいただいたぜ！」

友だちの作文から、気に入った言葉＝文章表現を「いただく」時間がルパンタイムです。ルパンタイムが始まると、クラス全員が席を立って、気になるクラスメートの作文をチェックしに行きます。読まれる方はまず拒みません。わざわざ読みに来てくれるのはうれしいものだからです。

自分が使えそうな表現があれば、「これ気に入ったからいただき！」という付箋をその作文に貼り付けていきます。ルパンの犯行声明です。「お宝（表現）」は自分のワードバンクノートに貯金し、以後、自由に使っていいというルールです。

つまり、ルパンタイムの間は、他人の表現を公然

お互いの作文を読んで付箋を貼り合う3年生の子どもたち。いい表現について真剣に議論してます

とパクッてよいのです。作文がうまいと一目おかれている子の机の前には、どこかの人気店みたいにクラスメートの行列ができます。子ども同士であれこれ議論が起こって、教室はとても作文の授業とは思えないほどの騒がしさとなります。

「他人の作文をパクッちゃダメでしょ、ましてそれを奨励する授業なんて！」

そう思われる方もいるかもしれませんが、文章でも絵画でも音楽でも、最初からオリジナルを生み出せる人は多くはないでしょう。子どもの頃はみんな必ず誰かをお手本にしていたはずです。「学ぶは真似ぶ」という言葉があるくらいで、**真似することは学びの基本**と言ってもよいはずです。

人からパクることがよくないとしたら、奪われた側が一方的に損して、奪った側だけが利益を得る不公平が生じるからです。

しかし、ルパンタイムでは奪われた方にも「恩恵」があります。それが〝犯行声明〟の付箋です。自分の作文にべたべた貼られた付箋は、クラスメートの賛辞そのものです。「この表現いいね！」「私にも使わせて！」「ありがとう！」という言葉が見える形で手もとに残るのですから、うれしくないはずがありません。自分の作文の「読者」が喜んでくれているのです。SNSのコメントにつく「いいね！」と同じです。こうした付箋もその子のワードバンクの「貯金」となっていきます。

表現をいただいた方はもちろん、次は自分でその表現を使えるというメリットがあります。一方、いただかれた方は、さらに上を目指します。その表現をあっさり捨てて、また新しい表現を生み出そうと努力するのです。子どもってすごいな、と実感する瞬間です。

インパクトライティング、NGワード、ルパンタイムは、切り離す事のできないひとつのシステムとして機能します。インパクトライティングとNGワードによって、文章力のある子はどんどん上達し、新しい表現を次々と「開拓」してゆきます。そのままだと、文章のうまい子が、表現という果実をどんどん「蓄積」してさらに上達するだけですが、それを**「クラス全体の共有財産にしよう」**というのがルパンタイムなのです。

＊

ちょっと飛躍しますが、これは経済学でいう「トリクルダウン理論」の仕組みに似ているとボクは思っています。富裕層から貧困層へ富が「滴り落ちる」というのがトリクルダウン理論で、現実経済では様々な批判があることも承知していますが、ボクたちのクラスで回っているのはおカネでなく「言葉」です。文章のうまい子が生み出した表現が、ルパンタイムで自由に「真似される」ことでクラス全体の財産となり、その子は感謝と賞賛（つまり付箋です）を受け取ることで承認欲求も満たされる。こうした正のサイクルで、半ば自動的に、クラス全体の文章力が底上げされていくのです。

　このシステムでは損をする子がいません。全員に何らかの利益があります。子ども同士で教えあい、学びあい、高めあうという、ボクが大好きな「Ｗｉｎ―Ｗｉｎ」の関係が作文の授業で実現するのです。

　ワードバンクは**可視化する**ことも大きなポイントです。

　ゲットした言葉や表現はすべてワードバンクノートに貯金されますが、子どもによって貯金の額やスピードは違ってきます。積極的に辞書を引いたり、ルパンタイムで貪欲に言葉を「いただく」子は、どんどん貯金額を増やしていきます。

　ノートを1冊使い切るたびに、ボクは新しいノートと古いノートを糊で貼って合本し、背表紙をつけてその子の名前を入れます。ノートが十分に厚くなると、どーんと太い文字で名前を入れて教室に飾ることにし

合本されたワードバンクノート。厚くなればなるほど、背表紙の名前が大きくなっていきます

ています。

これ、実はヒントは大相撲の「番付表」なんです。2011年度の2年2組では、1年間で10冊もワードバンクを貯めた女の子がいました。ノートは机の上で自立するほど分厚くなって、貯金箱というより金庫のようでした。名前も当然、横綱級の大きさ！　それは文字通り、彼女にとってかけがえのない「財産」となったはずです。彼女も後に、6年1組の大事なメンバーになりました。

*

この流れで、同じ2年2組で実践した「ひらがなプロフェッショナル」も紹介したいと思います。同じ国語で、「クラスの全員が勝者になれる」というボクの方法論をわかってもらえる例だと思うからです。

ひらがなプロフェッショナル（略称・ひらプロ）とは、「ひらがな一文字だけのプロになる」プロジェクトです。「あ」を選んだ子は「あ」だけ、「い」を選んだ子は「い」だけをひたすら練習します。他の字には目もくれません。そのかわり、選んだ一文字については誰よりも美しく書けるようになることを目指します。

練習には、四角いマスに十字リーダーを切ったおなじみの国語ノートを使いますが、子どもたちはお手本を見ながら、リーダーの点々を数え始めます。「エンピツの線がどこを横切ったら一番キレイに見えるのか」「どんなカーブを描いたら美しいのか」を徹底的に研究し始めるのです。でも一文字だけです。「あ」をマスターしても、次に「い」に進んだりはしません。「え、他の文字はうまくならなくていいの?」。その疑問はごもっともです。完璧に美しく書けるようになるのは一文字だけ。残りのひらがなは、まあ普通に書ければよいのです。

ひらプロの最大のポイントは、**「他人と競争しなくてよい」**という一点に尽きます。

もし五十音すべてを書き取りさせたら、もともと字のうまい子とへたな子の違いは歴然でしょう。この差はちょっとやそっとの練習で埋まるものではありません。字のへたな子は劣等感の塊になってしまうかもしれない。文字の練習が「イヤな授業」になってしまうのです。

しかし、ひらプロでは「あ」を研究しているのは自分しかいません。子どもには最初に好きな文字を選ばせますが、ダブった場合はジャンケンさせたり、自分から別の文字に移ったりするケースもあります。他の誰も「あ」は書かないのです。自分より字のうまい子を意識する必要がない。タンニンにも友だちにも相対評価されないから安心。「あ」のひとりじめ。ワン&オンリー。まさに「世界に一つだけの花」です。

自然と自信もついてきます。何しろ、「X(任意のひらがな)を書かせたらクラス一」という称号が、全員もれなくゲットできるのです。友だちから尊敬される上、「ここがコツなんだよね」と書き方をお互い伝授することさえできます。**子ども同士で勝手に学びあいが始まる**のです。

ボクは最初こそ書き方の授業をしましたが、そのうち子どもに「ぬまっち、字が違うんだなあ、こうやって書くの！」と、かなり直される羽目になりました。

さて、せっかく「ひらがなのプロ」になったのだから、クラスの中だけで終わるのはもったいない。「1年生のお相手さんにも、書き方を教えてあげよう！」と、学年を超えたワークショップを開くことにしました。名づけて「ひらがな2丁目商店街」。なんで2丁目かというと、2年2組で「2がいっぱいあるよね」というただそれだけのネーミングだったんです。

子どもたちが教室の机でそれぞれ「店」を構え、1年生に自分の得意な文字を教えるという趣向です。やってきた1年生はどれでも好きな文字をハシゴして学ぶことができます。

第2回「ひらがな2丁目商店街」は大人のお客さんで大にぎわいした

「1年生でも字のうまい子はいるんだよね。緊張する～」と、字の苦手な男子は言っていましたが、「全部書いたら負けるかもしれないけど、一文字だけなら大丈夫でしょ！」「そうそう、おまえも『あ』だけはうまいから！」。そんな感じでした。

「ひらがな2丁目商店街」は1年生も大喜びして大繁盛。すっかり気をよくしたボクたちは、さらに目標を高く掲げることにしました。

「今度は大人にも教えるぞ！」

後の「勝手に観光大使」と同じパターンです。このころから似たようなことをやってたんですね。

授業時間と休み時間を使って開いた第2回2丁目商店街には、保護者の皆さんや、前の年にタンニンしていた5年生の子たちもたくさん来てくれました。

ボクも驚いたことに、2年生のある女の子は、「み」の書き方を極めて、上下逆さにしても美しい文字が書けるようになりました。もはや職人芸。「向かいあって教える時に見せやすいでしょ」とその子は平然と言っていました。

実のところ、ひらがなの書き方は1年生の授業範囲です。ボクがあえて2年生で取り組ませたのは、子どもたちに表現力と自己効力感をつけてほしいという狙いがありました。お相手さん活動を利用したのもそのひとつ。これもまたアナザーゴールの応用です。

あえて一文字しか練習させないひらプロは、授業としてはいささか型破りかもしれません。しかし、ワードバンクと同じく、「クラス全員に勝利体験を与えられるシステム」なのです。こうして考えると、ボクがやってきた実践は、多かれ少なかれ必ずそういう要素を含んでいるようです。

勝手に観光大使も運動会リレーも、花畑の伝説もそうでした。いずれも、子どもが授業や学校活動を「イヤなもの」「退屈なもの」と感じず、学びを楽しめるようになるシステムの追求ということができます。

＊

そして、ボクが目指している真のゴールは「子どもの自己効力感を高めること」です。

もちろん小学校は学びの場であり、各学年の学習到達度を満たすことが大前提なのは言うまでもありません。それに加えて、小学生のうちに小さな成功体験、「自分はできる」という自己効力感を積み重ねていくことは、その後の人生においてとても大事なことだとボクは思っています。

自己効力感をしっかり持った子どもは、未知のことも恐れずチャレンジするようになり、学校の成績も自然と上がっていきます。ボクはこの11年間、そのようにどんどん変わっていく子どもたちを何度も目の前で見てきました。

日本の若者は諸外国に比べて自己肯定感が乏しく、将来への明るい希望も少ないということがよく問題になります。それは小学生のころから始まっているのかもしれない。

なぜそうなってしまったのか。学校で何かできることはあるのか。

ボクは最近思うのですが、チーム内の役割分担には2種類あって、一つは全体の弱点を減らすためのネガティブ分担、もう一つはそれぞれの得意なことを活かすポジティブ分担です。ネガティブ分担は失敗しないための「守りの配置」なので、リスクは小さいけれど成果も小さい。逆に、ポジティブ分担は「攻めの配置」なので、失敗するリスクは高いけれど、うまく噛み合えば成功は大きく、メンバーの意欲もアップします。つまり、子どもに自己効力感を与えるためには、チーム作りはポジティブ分担の方がいいのです。

ボクの場合、配置ミスによるリスクはすべてタンニンが責任を負うので、子どもには「失敗を恐れず、思い切りやれ！」とだけ言います。**失敗したらボクのせい、成功したら子どもたちのおかげ**です。だから、ボクのクラスではチーム布陣はポジティブ分担しかあり得ない。そして何度も言うように、ボクはとことん「成功体験」を求める攻めのタンニンです。投げる球は常にど真ん中のストレートなのです。

さて、これから迎える3学期こそ、そんな「成功体験」の仕上げの季節です。

コラム ぬまっちへの質問箱

Q2

教育実習で、休み時間が終わっても騒いでいる子や、友だちを蹴ったりする子をうまく叱って止めることができませんでした。子どもをうまく叱れない私は、教師に向いていないのでしょうか。

ボクは子どもを叱る時は、「本人と周りの子どもたち両方が、その理由をきちんと知っている」ようにします。「これ以上しゃべったら周りに迷惑だから、次にやったら教室の後ろに移動ね」と予告して、それでもしゃべった子には「はい、後ろに行きなさい」ときっぱり言います。本人に「何で?」と聞き返されても、周りの子がその理由を知っている。「それはお前がしゃべってるからだろ!」と。

担任がその子を説教している時に、周りの子が一緒にビクビクしているようではダメだと思うんです。「あれは叱られて当然」「だよねー」と周りが理解したら、先生が感情に任せて叱っているのではなく、何かを教えようとしていることがみんなにわかります。

友だちを蹴ったりする子については、ボクはまずその子に、「どうして蹴りたくなったんだ?」と聞きます。「お前は理由もなく人を蹴るようなやつじゃない。その理由は何なの?」と。もしふざけて蹴ったのなら、「そうか、ふざけて蹴るのは面白いよなあ。でも蹴られたことで痛いやつがいるぞ。お前がやっていいんだったら、ボクがお前にやってもいいってことになるよなあ。面白いことをやるのに、お前はいいけどボクはダメってことないだろ。痛いけどいいか?」と少し厳しく言い、それをわからせた上でこう言います。

「お前にはたくさんいいところがあるのになあ。人を蹴ったらそれ全部消えちゃうぞ。みんなお前の悪いところにしか目がいかなくなるぞ。それってもったいなくないか?」

こう言うと、たいがいの子はわかってくれます。もっとも、それは普段からのボクと子どもとの関係性がベースになっているから、いきなりは難しいかもしれませんが。

授業中騒いでいる子については、「今はキミがしゃべる番じゃない」ときっぱり教えます。なぜ子どもが騒ぐのかの理由はいろいろだから、もう少し教室全体を見取る(観察する)必要があるかもしれない。子どもが授業に集中できていないということだから、「なぜ集中できないのか」→「どうしたら子どもが集中したくなる授業にできるか」と、ボクだったら考えます。騒ぐ子をその場だけでパワーで押さえつけても、また同じことが起きるだけです。

だから、「叱れないから先生に向いてない」ということはありません。子どもは何回言ってもできないのが普通。大人だってそうでしょう。1回言ってできるようになる人の方が少ないですよ。何度も何度も、気がついたら教えていくしかない。ボクはめったに子どもを叱りませんが、最初からそういうものだと思っているからかもしれません。

ボクはプライベートでは結構短気な性格なんです。ここ数年で、ボクが一番進歩したのは「ディフェンス力」だと思っています。子どもが何かやらかしても、しょうがねえよなあとか、まあいいじゃんと思える「かわし力」ですね。それが若いころからできる人もいるし、ボクのように年を取ってからできるようになる人もいる。人それぞれですね。

3学期

7 I《アイ》とチームワーク

２０１６年１月、３学期の始まりの日。ボクは６年１組の子どもたちにこう言いました。

「ボクはもう、君たちに説教するべきことはない。もう何もチャレンジしなくても、君たちは卒業遠足で帝国ホテルに行けるし、リムジンにも乗れるだろう。もう何もしなくても、君たちは３月に卒業して、４月から中学生になる。

でも、だからこそ、人生で何かのチャレンジをするなら、この最後の２か月じゃないのかな。なぜかって、こんなにいいクラスで、何をやっても認めてくれて、何もかもゆるしてくれる仲間たちは、なかなかいないから。このメンバーと今ここに一緒にいることが、最

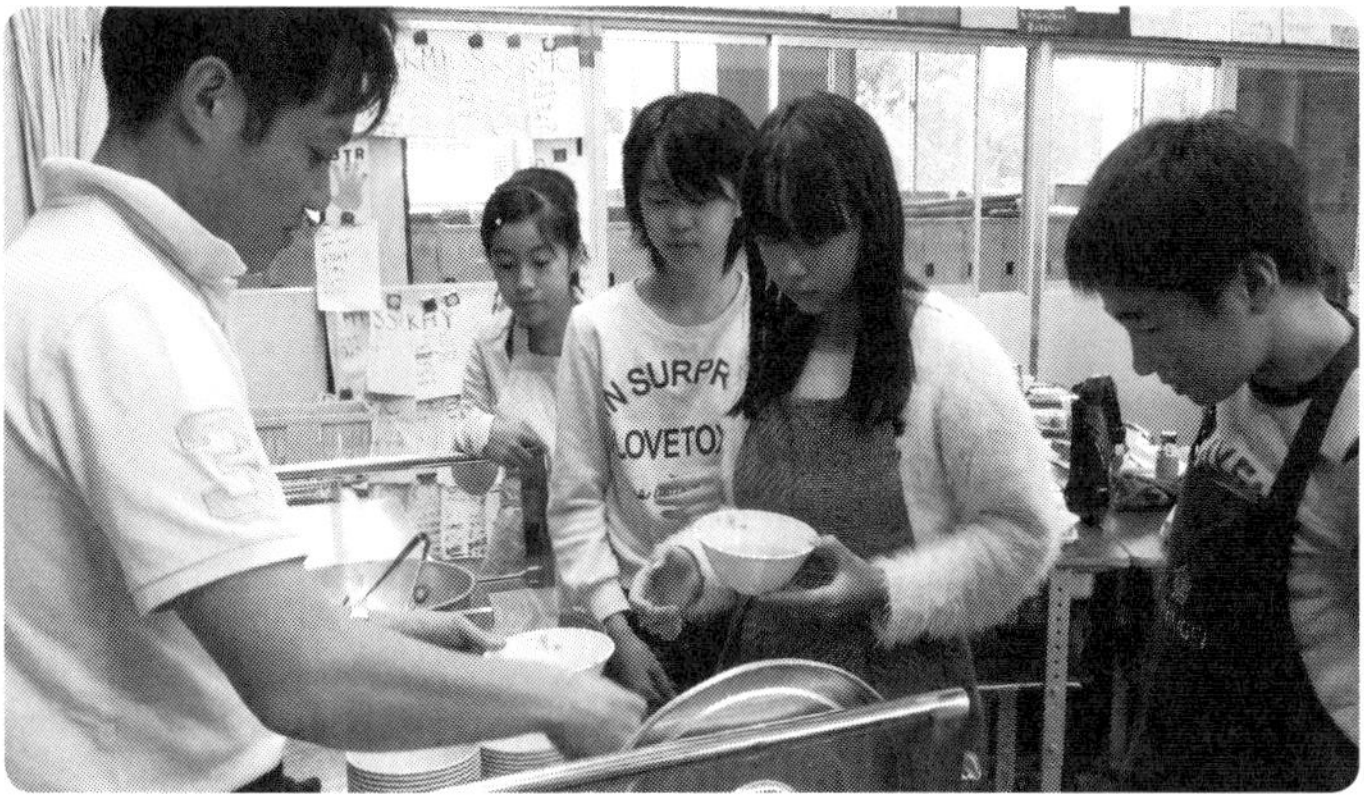
スケジュールの都合によっては、タンニンが給食の支度をすることもあります

高のチャンスだから。

何もしなくても卒業、さらに何かをやっても卒業。どっちにする？　選ぶのは君たちだ。

もしこの2か月で、何かを成し遂げることができたら、帝国ホテルで食べるディナーは、ちょっと違う味がすると思うよ。ただお金を払って食べるのと、きっと一口一口が違うはず。どんな味がするだろう？」

後はキミたちで考えてねと言うと、みんな神妙な顔で聞いていました。

＊

そんなボクの言葉に奮起してくれたのでしょうか、1月29日、ついに子どもたちがやり遂げました。プロジェクト達成数が、ちょうど100になったのです。

記念すべき栄誉は、中日新聞主催の第13回「新聞切

ついにプロジェクト100個達成！　全員で記念撮影

り抜き作品コンクール」努力賞。ひとつのテーマを決めて、いろいろな新聞から記事を切り抜き、大きな模造紙に感想やコメントとともに貼り付けるというコンクールでした。

ボクたちのクラスのSKC＝「新聞切り抜きコンクール」プロジェクトのメンバーが「税金」というテーマを決めて、冬休みの間にクラス全員が気になった記事を切り抜いて持ちより、それをメンバーが1枚にまとめました。小学生だって新聞を読んで、「軽減税率」や「消費税」に関心をもっているんです。

吉報は教室に手紙で届きましたが、久しぶりの受賞だったためクラス内は大騒ぎ。さっそく花と看板台紙を飾って、全員で記念撮影をしました。

その後もさらに花は増え続けました。花と台紙の「殿堂」が後ろの壁からどんどんはみ出して、廊下側の壁をほぼ埋め尽くし、反対の校庭に面した窓側まで広がっている。つまり、四方ある壁の三方が「お花畑」になったわけです。結果待ちのコンテストもあるし、「まだまだ行くぞ！」と子どもたちの鼻息はますます荒くなります。

実はこの時、子どもたちは卒業まであと1か月ちょっとだったのに、「花の合計数を200個にする」という新たな目標を立て、結果的に達成してしまいました。前にも書きましたが、大きなプロジェクトの達成では花が四つつくので、プロジェクト達成数より花の数の方が多くなります。卒業前日には、黒板やボクの机がある最後の壁まで花で埋まってしまったのです。

ところで、達成プロジェクトのリストを改めて眺めてみると、ちょっと意外なことがわかりました。

プロジェクトは大きく三つに色分けできます。リアル社会とのつながりで自己効力感アップ、ついでに卒業遠足のための賞金までゲットできる「コンテスト系プロジェクト」。子ども同士が学び合い教え合う「ティーチャー系プロジェクト」。そしてクラス内の文化を作り、信頼関係を構築するための「学級文化系プロジェクト」。「殿堂」のお花畑では、派手なコンテスト系がどうしても目立つのですが、全体を数えてみると、実は一番多かったのが「学級文化系」だったのです。

卒業文集より

数十個のコンクールに応募した。ひたすら発表を待ち続けた一年間。最高の卒業遠足に行くために受賞を狙った。しかし、もちろん受賞よりも落選の方が数十倍多い。そして落選は、悔しいという気持ちを生む。だが、この悔しいという気持ちはコンクールに応募していなかったら味わえなかったもの。負けを恐れずに勝負に挑むチャレンジ精神を身に付けることができた。　（ひろな）

学級文化系プロジェクトとは、クラスの雰囲気を盛り上げるためのプロジェクトです。

例えば、達成したプロジェクトメンバーのために花つき看板を作るプロジェクトがあります。

当初はこのプロジェクトは存在せず、花も1色のシンプルなものばかりでした。しかしある女の子がこのプロジェクトを立ててからは、いろいろな色の花紙を組み合わせるものに〝進化〟していき、クラスメートのリクエストを受けて、新種の花の開発にも挑戦していました。花一つにも心がこもっていたのです。

それから、給食をさっさと全部食べるプロジェクト。これまでボクがタンニンしたクラスは、ほとんど残食を出したことがありません。毎日完食がモットー。すると、給食のおねーさん方も喜んで、ボクのクラスの給食の量をどんどん増やしてくれるんです。おかげで、子どもたちの体格がどんどん良くなる！（笑）。それから、ダンシング掃除のための新しいダンスを考えるプロジェクトや、そのダンスを教えるプロジェクト、運動会に勝つために競技を強化するプロジェクト、同じく運動会のために下級生の競技指導を行うプロジェクトなどもありました。

地味なプロジェクトも、ちゃっかり便乗プロジェクトも、たった3分で達成できちゃったプロジェクトもあります。すべての花が、「すごい！」と言われる達成じゃなかったかもしれない。でも、こうした学級文化系プロジェクトがたくさんなかったら、ここまでクラスの一体感は出なかったとボクは思います。

ワードバンクの章でも書きましたが、ボクは**成功体験を「可視化」することが大事**だと思っています。達成を常に目に見える形にすることで、子どもたちは励まされ、新たな目標に向かうことができる。そして紙の花は、子どもたちの成功体験の「見える化」にほかなりません。花畑に囲まれた教室は、子どもたちの成功体験であふれた教室なんです。そう考えると、教室に咲く100個の花のすべてが「世界に一つだけの花」。優劣なんてつけられない。

この頃、5年生の秋にこのクラスで教育実習をした大学生のHさんが教室を訪問してくれました。ダンシング掃除を見てびっくりし、「テレビに出られるよ！」と子どもたちに勧めてくれた人です。思うように花が増えなかった6年生の1学期を知っている彼女は、教室中の花を見て絶句し、涙ぐみました。

「去年の5月ごろは、あんなに少なかったのに……。子どもたち、がんばったんですね……」

そうか、ボクは毎日見ているので、それに気づかなかった。Hさんの涙にちょっとぐっと来ました。Hさんはその春に大学を卒業、東京都内の公立小学校の先生になっています。

＊

世田谷小の通信簿は「道しるべ」といいます。評価表でありつつも、子どもの標《しるべ》になってほしいという意味なので、例えば算数がよくできたから単純に「◎」ということはありません。もっと頑張れるという励ましの意味で「○」をつけることもあります。逆に、体育が苦手な子がすごく頑張ったら「◎」をつけることもあります。

子どもに「道しるべ」を渡す時は、一人ひとり名前を呼んでボクの席まで来てもらい、1対1で話をするので、結構時間がかかります。その間、他の子どもたちには各自の席で「先生に道しるべ」というのを書いてもらっています。

「先生に道しるべ」とは、子どもたちが書くボクへの通信簿です。「道しるべ」と同じように、学習面ではどうでしたか、生活面ではどうでしたか、を書いてもらいます。簡単に言うと、子どもたちの先生に対する評価アンケートです。

「正直に書いていいよ」とボクは言います。「ボクは一所懸命やったけど、どこまで伝わったかはわからない。君たちには君たちの受け取り方があるだろうからね」

先生が子どもの評価をするなら、子どもが先生の評価をしてもいいんじゃないか、というのがボクの考えです。

こういう考え方に批判があるのは知っています。子どもに先生を評価させていいの？　子どもが大人をちゃんと評価できるの？　評価してもらったところで、それが生かせるの？　ただの自己満足じゃないの？

でもボクは、子どもに褒めてもらいたいわけじゃない。これも、先生らしくないといわれてしまうかもしれませんが、要は「お客様の声」を聞きたいんです。

先生は、腕のよい「板前さん」であるべきだというのがボクの持論です。板前さんが自慢の包丁さばきでおいしい料理（＝授業）が作れるのは当たり前。さらに上の板前さんは、お客さんと何気ない会話をしながら、相手の気分や体調を鋭く察して、今その人が「一番食べたいもの」を、最高のタイミングで差し出すことができるそうです。

自分の得意料理を次々並べてもいいけれど、お客さんが一番欲しているものを出すことで、おいしさが2倍にも3倍にもなる。ボクはそんな板前＝先生になりたい。だから、子どもの本音が聞ける「先生への道しるべ」は、ボクにとっては非常に重要な手がかりなんです。

子どもからはけっこう厳しい意見もあるんですよ。

「目がコワイ」というのがありました。特に、考え事をしている時のボクは、近寄りがたいほど怖いらしい。「サングラスをした方がいいよ」って書いてきた子がいましたが、それってよけい怖くない？

「机の上が散らかっている」。はい、反省してます。

「ぬまっちボクらに説教するけど、時々誤解していることがあるよ。もっとみんなの言い分を聞いたほうがよくない？」

うーん、ボクはちゃんと聞いているつもりだったけど、やはり彼らには彼らの言い分があるようです。そういうのはもっと尊重しなければと思うけれど、聞いたからって全部その通りにするわけじゃない。ボクにも言い分があるし、もちろん教育的な意味もあるからです。

「最近自分で社会の授業しないでしょ。ぬまっちの授業が聞きたい！」

これには考えさせられました。ティーチャー系授業は楽しいし勉強にもなるんだけど、ボク自身の社会科授業がもっと聞きたいという声が多かったのです。この意見を受けて、3学期の公民は自分で授業をしました。それにしても、子どもに「授業を聞きたい」と言われるなんて、タンニン冥利に尽きます。その一方、子どもが自発的にティーチャー系授業をどんどんやっていくのもうれしいので、ボクとしてはなかなかフクザツなところです（笑）。

もし先生への信頼がなかったら、何も期待していなかったら、「先生に道しるべ」には、子どもはいいことしか書かないんじゃないかとボクは思います。先生に嫌われそうなことは、子どもはしたくないから。

だから、**ボクは子どもたちの「批判」や「注文」を大切にしたい。**ボクが子どもたちに「もっと良くなってほしい」と願うのと同じように、子どもたちもボクという先生に「もっと良くなってほしい」と思ってくれているのがわかるからです。

先生だって人間、完璧ではありません。間違えるし、ミスをすることもあります。

ボクは授業の板書で時々漢字を書き間違え、子どもにツッコまれます。いつかは、豊臣秀吉の「太閤」を、「太閣」と書き間違えたことがありました。

「ぬまっち、コウの字が違うよ！　門構えの中は各じゃなくて合！」

「おー、よく気づいたな！　誰か気づくかなと思って、ワザとテストしてみたんだよ！」

「はいはい、そうでしたねー」と子どもたちは笑います。「ぬまっち、ガチで間違えたって、オレたちわかってるから」みたいな顔で。

ボクは、依頼されて校外で行う出張授業などでは、まずこんな笑いの取り方はしません。ふだん絶対言わないギャグをあえて言えるようになったのも、このクラスで「あー、間違えたー、ごめんごめん」っていうのを繰り返したからです。

間違えない方がいいのはもちろんですが、間違ったら直せばいい。むしろ子どもにツッコんでもらえるような教室の空気作りが大事だと思うんです。

野球で言えば先生は「監督」なので、選手みたいにバッターボックスに立ってバットを振る必要はないと思っています。現役時代すばらしかった打者が、必ずしもいい監督になれるとは限らない。なのに、なぜか日本の球界では、スター選手が監督になりやすいところがありますよね。原辰徳さんみたいに、スター選手で監督としても実績を挙げた人もいますが、監督は選手のように、ボールを打つために素振りしたり筋トレしたりする必要はない。監督は監督というプロフェッショナルであるべきです。

先生も同じで、「勉強ができる人」「難しい問題が解ける人」だけが条件じゃない。もしボクが偏差値トップの秀才だったとしても、それはそれ。先生の能力は違うと思うのです。「先生は子どもの前で間違えちゃダメ」という思い込みが、現場の先生たちを窮屈にしているところはないでしょうか？

＊

2015年度の6年1組には**「ぶっちゃけタイム」**という特別な時間がありました。子ども同士、あるいは子どもがボクに対して、腹の底から本音や不満をぶつけ合う時間です。その間は、廊下側のカーテンを閉め切り、外から見えないようにします。ボクたち以外、誰も立ち入れません。**言いたいことを言い合うけれど、この場限り、終わったら全部忘れる**というのがルールです。

2学期の秋ごろ、プロジェクトのAKS＝新しい曲探すチームが、新しいダンシング掃除に使う楽曲をクラス投票で決めたことがありました。ボクはたまたまその場にいなかったのですが、サビの部分が簡単すぎてチャレンジングでないと感じたので、「ダメだよ、こんなの！」と、その決定をひっくり返しました。

その翌日、数人の子どもたちが日記にこう書いてきました。

「ぬまっち、昨日のあれはないよ。いくら先生でも、ひっくり返すなら投票の前にやるのがルールじゃないの？」

実は、この件についてはボクも後悔していました。ひっくり返した日の晩は悶々として眠れないくらいでした。

ボクは午前中に日記を読んですぐ、「ぶっちゃけタイムをやりたい」と子どもたちに申し出ました。このように早くレスポンスできるのも、日記を必ずその日のうちに返すことの効用です。カーテンを閉めた教室で、ボクは子どもたちに頭を下げました。

「ごめんなさい。あれは失敗だった。みんなの実力を考えれば、あれじゃダメだと思ったんだけど、ひっくり返すタイミングが違ったなぁと思う」

そうだよ、アレはひどかったよ！　とひとしきり文句を言われましたが、最後には子どもたちに「まあ、ぬまっちの言いたいことも、すごくわかってたけどね」と慰めてもらいました。

「久しぶりのぶっちゃけタイムだから、もっとぶっちゃけようよ」とボク。「言いたいことを言っていいよ。例えば最近、教室でマスコミとかの取材が多くてどう？　何か不都合とかある？」

「それは結構うれしい。けど……オレたちのクラスがマスコミで紹介されるのは、ぬまっちが有名だからと思われるのがイヤだ」

ハッとしました。そんなことを感じていたのか。確かにボクは、他の先生に比べて小学校の外での活動が多い。テレビやネットなどでの露出も増えてきました。「沼田先生のクラスだから、マスコミで取り上げられやすいんでしょ」という周囲の目が、子どもたちのプライドを傷つけていることに、今さらながら気がついたのです。

しかし例えば、「ナニコレ珍百景」はボクと関係なく、子どもたちの力だけで出演を勝ち取ったものです。そして、ボクのところにマスコミが取材に来る最大の理由は、何より子どもたちが頑張っているから、いろいろなことを達成しているからです。

「わかった」とボクは言いました。「みんなをそういう気持ちにさせたのは、ボクも悪かった。これからは取材で、今よりもっと強調して言うよ。みんながすごいから、沼田はこうして君たちのタンニンでいられるんだとね」

「ぶっちゃけタイム」を、全国どこのクラスでもやるのは、正直難しいだろうと思います。やった結果、クラスの雰囲気がもっと悪くなることだってありえます。タンニンと子どもたち同士の強い信頼関係が大きな前提になるからです。

ボクたちのクラスでも、「ぶっちゃけタイム」で友だち間のドロドロが吹き出してくることがあります。オマエが気に食わないとか、アイツの態度を何とかしてとか、まあいろんなことがぶっちゃけられます。

その場で言い合いになっても、ボクは笑顔で見守ります。言いたいだけ言わせておきます。感情的な悪口になって、焦点がズレたら問題を整理しますが、制限時間が来たら「ぶっちゃけ終了！」です。

思っていることを全部吐き出したからって、仲の悪い二人が仲直りしたり、何かが根本的に解決したりするとは、ボクは思っていません。しかし、こうした問題は生ゴミと一緒で、さっさと処理すればたいしたことないのに、ほったらかして時間が経つと、どんどん臭ってくるものです。子ども同士、育ってきた環境がみな違うから、お互いイラッとすることはあるでしょう。しかしそこはボタンの掛け違えで、早め早めにガス抜きすることで収まることが多いんです。

また、「ぶっちゃけタイム」の大事な効能は、「みんなの前できちんと謝るチャンス」を演出できる場でもあるということです。このクラスならではのオートマチックな「自浄機能」だと言えます。

ボクは子どもたちに「仲良くしなさい」とは言いません。なぜかというと、大人の社会のことを振り返ってしまうからです。

みなさんの会社のいろいろな職場で、「みんな仲良し」と言い切れる人がどれだけいますか？　何となく反りが合わない、虫が好かない同僚は、むしろ普通にいるのではないでしょうか。それでも、大きな問題もなく毎日仕事ができているのは、お互い適度な距離を保っているからだと思います。大人には大人の、子どもには子どもなりの人間関係があるのです。

その代わりボクが言っているのは、「必要以上に相手を攻撃しないでね」ということです。

相手にムカついたからって、いちいちバチバチやってる時間もヒマも、君たちにないだろう。クラスはひとつのチームなんです。試合ではチームワークを発揮して、一所懸命いいプレーをして、試合が終わったらバラバラにほどけて、気の合う相手と帰ればいいのです。

ボクたちがダンシング掃除で曲をよく踊り、でも2016年の暮れに解散してしまった国民的アイドルグループは、プライベートではお互いちょっと距離があったのかもしれません。それでも、彼らは最高のグループで、最高のパフォーマンスをしていたことに変わりない。教室だって、それでいいんだと思います。

お互いの距離感をしっかりわかっていた2015年度の6年1組は、結果的に「かなり仲の良いクラス」だったと思います。ある目的に向かってチームワークが抜群であれば、事実上、仲良しと一緒なんです。大人の組織や団体についても同じことが言えるのではないでしょうか。そういう学びを与えるのも、学校という場ではないかと思います。

＊

ボクは、これまでタンニンしてきたクラスに、新学期の始めにそれぞれ「言葉」をプレゼントしてきました。クラスのキャッチフレーズ、目標のような言葉です。

「BE COOL」「BRAVE」「ATTRACTION」といったヨコモジが多かった（2年生の時はひ

らがなでした）のですが、この6年1組に贈った言葉は「BRIGHT」。ひとりひとりが輝けるようにという意味です。

38人を5班に分けて、それぞれB、R、G、H、Tというチーム名をつけました。毎日の壁新聞もこのチームごとに作りました。

あれ、チームIがないのはなぜ？

ちょっと説明が必要になります。彼らが5年生の時、世田谷小の音楽発表会で、「シング・シング・シング」というスウィング・ジャズの名曲を演奏したことがありました。（ジャズをレパートリーにするのは、ボクたちのクラスの名物でした。）かなりの難曲で、「Iパート」のメロディが特に難しかったため、練習が足りないという意味で「I《アイ》が足りない」「Iがなくちゃダメだね」というフレーズがクラスで流行ったのです。

クラスの言葉「BRIGHT」。5チームがそれぞれ記念撮影

ボクはそれにヒントを得て、子どもたちが6年生になった時、「BRIGHT」という言葉を贈りました。チームIはないんだけど、クラスの真ん中にIがある。Iは「自分」ということでもあります。まず、**真ん中に自分というものを置こう。自分を大事にしよう。**相手を楽しませるだけじゃダメ。自分も、相手も、楽しめることをやらなきゃ！

クラスの真ん中にI（＝愛）と信頼関係があれば、何も怖いものはないのです。

2015年12月の音楽発表会で6年1組は「スウィングしなけりゃ意味ないね」を演奏。ソロパートでは「矢印」が出て、誰が弾いているか客席から一目瞭然！

8 夢のタイムカプセル

2016年2月29日、月曜日。6年1組にとって最大の記念すべき日は、暦の上でも4年に一度しか来ないスペシャルな日となりました。

午前8時10分、いつもの顔ぶれが教室に集まってきます。

子どもたちの荷物はみんなパンパンです。今日はお弁当は必要ありません。代わりにドレスや革靴、スーツやネクタイが詰まっているのでしょう。なぜって？　日本一の帝国ホテルで、ディナーの前にドレスアップをするためです。でもそれはまだ9時間も先の話。

「全員そろった？」

「ぬまっち、1人足りないよー」

まさか、こんな日に熱を出したとか？

その時、バタバタと最後の男の子が駆け込んできました。クラス中にホッとした空気が流れます。そう、今日ばかりはどうしても、38人全員揃っていなくてはダメなんです。

天気予報によると、降水確率は50％。でも晴れ男のボクは全然心配してない。ボクたちはこれから、一日かけて目いっぱい楽しむのです。みんなで横浜を散策し、みんなでお笑いを鑑賞し、みんなで帝国ホテルに行ってディナーを楽しみ、みんなでリムジンを連ねて学校に戻ってくるのです。

このプロジェクトを聞いた大人の多くが、「ありえない」「さすがに無理でしょ」と本気にしなかった、そのすべてが、きょう実現するのです。

「いよいよ、この日がやってきました！」

ボクは声を張り上げます。「けがだけには気をつけて」

さあ、世界一のクラスの、世界一の卒業遠足の始まりです。


本日のスケジュールはこのようなものです。

午前8時20分　学校出発　路線バスで自由が丘駅へ
東横線・みなとみらい線で馬車道駅へ
赤レンガ倉庫散策
午前10時ごろ　横浜港大さん橋散策
徒歩で山下公園へ
午前11時ごろ　江戸清のブタまんを買って芝生の上で昼食　公園で遊ぶ

	中華街散策　関帝廟　金の餃子の神
午後12時10分	元町・中華街駅から横浜駅へ
	横浜駅から湘南新宿ラインで新宿へ
午後2時	ルミネtheよしもとでお笑い鑑賞
午後3時30分	新宿から東京メトロで日比谷公園へ　小休憩
午後4時30分	帝国ホテル17階「インペリアルバイキング　サール」到着
	お着替え
午後5時	ホテルによるマナー講習
午後5時30分	ディナー開始
午後7時30分	ディナー終了
午後7時45分	リムジン5台で帝国ホテル出発
午後8時30分	学校到着
	出迎えの保護者と合流し解散、帰宅

この卒業遠足をファイナルゴールとして、子どもたちは1年かけて数々のプロジェクトを達成してきました。のべ40以上のコンテストに1000点を超える作品を応募し、個人とクラス

単位での受賞を併せると、結果的に30もの賞を受賞しました。稼いだ賞金は総額20万円以上。それに元々ある学級費をプラスして、この遠足の全費用をカバーできました。

子どもたちは帝国ホテルとリムジンを自分の力で勝ち取ったのです。当初ランチの予定だった帝国ホテルでの食事が途中でディナーに格上げされたのは、獲得した賞金が増えてきたことも理由の一つです。

*

ある他校の先生に、こんな質問を受けたことがあります。

「私だって行きたくなるようなすごい遠足です。しかし、私なら教師の立場を考えて、貯めたお金を社会貢献に役立てるように子どもに言ってしまうと思います。そこは迷わなかったのでしょうか」

おそらく、多くの先生が感じることだと思います。ここでボクの考えをもう一度書かせてください。

ボクがいつも言う〈世界一のクラス〉って何？　何をしたら世界一なの？　あまりに抽象的すぎるのでは？　そんな疑問が出るのは当然です。でも、ボクにははっきりした定義があります。

子どもたちが大人になって、友だちとの飲み会で、小学校時代の話になった時、「**オレたち**

のクラスって、こんなに楽しかったんだぜ！」と目を輝かせて語ることのできるクラスが、ボクにとっての〈世界一のクラス〉です。

みなさんが小学校時代の思い出話をする時、普通はだいたい二つのことしか出てこないのではないでしょうか。ひとつは「こんな変な先生がいたよね」という話。もうひとつは、自分あるいは友だちが「やらかした」話。給食をひっくり返して服を濡らしてパンツ一丁になったとか、そんな他愛のない失敗談です。

「オレたち、小学校の時にこんなスゴイことやったんだ」という話が、あまり出てこないのはなぜでしょうか。本当はスゴイことをやったけれど、記憶に残ってないだけかもしれませんね。でも、忘れてしまえばそれまでです。

タイムカプセルというものがあります。友だち同士で大事な品を持ち寄って、頑丈な容器に入れて、どこかに埋めて、何年か後に再び集まって、掘り出して開ける。忘れていた子どものころの思い出がよみがえる。楽しいですよね。でも、タイムカプセルは、一度開けてしまえば終わりです。

ボクが子どもたちに与えたいのは、いつでも開けられるタイムカプセルです。「あの時、みんなで頑張ったよな」という記憶は、何度でもプレイバックできる。大人になってつらいことがあっても、それが胸によみがえれば、もう一度元気が出て、再び立ち上がれる。

子どもたちが貯めたお金を、社会貢献事業などに寄付するのも、尊いことだと思います。でもボクは、子どもたちに強烈な成功体験をプレゼントするほうを選びました。

子ども時代の成功体験は、人間にとって大事な「自己肯定感」をはぐくみます。成長しても、自分の力に誇りが持てるようになる。小学6年生でのそんな経験は、長い人生のホームポジションになるものだとボクは思っています。

ボクはこれまで、六つのクラスのタンニンをしてきました。そして、その六つともが〈世界一〉だと思っています。子どもたちにもそう言っています。

えっ、将来、〈世界一〉のクラス同士が道端で出会っちゃったら、「オレの方が世界一だ」とケンカになるんじゃないの？

……はい。出会わないことを祈るしかありません。

というのは冗談ですが、ボクの考え方として、「相手に負けなきゃ世界一」なんですよ。オマエらもすごいが、オレたちもすごいぜ！　負けてないぜ！　そう言えて、胸が張れるクラスはみんな〈世界一〉。一番大事なのは、自分たちが「楽しかった！」と心から思えること。そう思えたら、誰かとの比較なんて意味がないんです。

ＳＮＳのなかった昔は、タイムカプセルというイベントでもなければ、昔の友だちが集まる機会はなかなかなかったかもしれません。でも、ネットが発達した現代の子どもたちは、日常的にもっと集まりやすい環境にある。となれば、タイムカプセルも「一度きり」より「何度でも開けられる」ほうがいいですよね。

＊

ここで1か月ほど時間を巻き戻します。

２０１６年1月30日、６年1組の授業で、「卒業遠足・午前中ルートのプレゼンとディベート合戦」が行われました。

遠足当日、午後2時からは新宿の「ルミネｔｈｅよしもと」で、お笑いの舞台を鑑賞することが決まっています。その後は帝国ホテルに向かうので、予定はいっぱい。一方、朝から午後2時までの時間はまだ空いています。どこに行ったら一番楽しいか？　ということで、子どもたちがいろいろ調べた結果、４か所に候補地が絞られました。

新宿、お台場、横浜、川越の四つです。さあ、どこに行こう？

「ディベートして決めるのはどう？」と子どもたちはボクに提案してきました。「4チームに分かれて、押したい場所のことを詳しく調べて発表しあう。その上で全員の投票で決めれば、みんな納得できるんじゃない？」

好きな地域を決めてのプレゼン合戦は、５年生のときに「勝手に観光大使」をやって以来ですが、今回大きく違うのは、チーム戦にしたことと、ディベート形式の議論を導入したことです。日本人は議論下手と言われ、ディスカッションの力は学習指導要領でも重視されていますが、ふだんの授業ではなかなか導入しにくいことの一つだと思います。しかし、この6年1組クラスでは、5年生の時から割と日常的に行っていました。授業が始まる前の朝の会で、ボクは時々こんなネタを子どもたちに振ったのです。

「お風呂から出た後、タオルで体ふくだろ。1人ずつ別のタオルを使う？　それとも家族全員で同じタオルを使う？」

これが家によって全然違う。みんな自分の家のやり方が常識だと信じているから、お互いびっくりする。「1人ずつ別のタオル派」と「家族で同じタオル派」を論戦させてみたりします。あるいは、「理想のきょうだいの組み合わせは？」。お兄ちゃんほしい派、お姉ちゃんほしい派、弟vs妹、一人っ子はソンか得か、などを考えさせてみる。「朝はご飯と味噌汁の和食か、トーストとハムの洋食か」で勝負させてみたこともあります。

ものの見方、感じ方は人それぞれ違うことを教えるために、どうでもいいようなネタで議論する楽しさを知ってほしかったのです。

＊

ボクはこの頃はディベートという言葉を使っていましたが、最近では、こうしたチーム同士の討論を「クリティカルディスカッション」と呼んでいます。クリティカルの一般的な訳は「批判的」ですが、ボクは「分析的・戦略的な討論」という意味で使っています。

ディベートは基本的に、賛成／反対の二手に分かれて、相手を論破することが目的の弁論ゲームですが、ボクのクリティカルディスカッションは、クラスを3〜4チームに分けて行います。クラスを2チームに分けると、人数が多すぎて発言しにくい子が出てくるし、勝ち負けが早々にはっきりすると諦めてしまう子も出てくるからです。しかし3チーム以上に分ければ、どこか1チームが強くても残りチームが手を組んで追いかけることができるし、子どもたちが自分でポジティブなポイントを見つけやすい。討論がよりダイナミックに、ゲーム的に深く面白くなるんです。

そして、この時の卒業遠足ルート討論は、ディベートというよりも、クリティカルディスカッションそのものでした。クリティカルディスカッションにおいて、もっとも重要な学びの目的は、相手チームの発言や返答を予想し、さらにそれを切り返して反論できるようにすることです。ただ一方通行で発言するよりも、はるかに深く考える力が必要となります。この時、子どもたちはまさにこれをやってみせたのです。

4チームの最初のプレゼン内容はこのようなものでした。

◯新宿チーム

まず明治神宮に行こう。90年前に作られた敷地内の森では、タヌキから珍しい昆虫まで、何と2800種類以上の生き物と触れ合える！　神社の大鳥居は樹齢1500年の木で作られていて、本殿にお参りすると清清しい気分になれる！　その次は都庁の展望台に上ろう。202メートルの高さで富士山が拝めるかも。広大な新宿中央公園で遊んで、歴史と自然あふれる熊野神社にお参りしよう。次はルミネだから移動も楽々！

◯川越チーム

どんなところかイメージしにくいと思うけれど、江戸時代の城下町で、「小江戸」と呼ばれるように、今でも江戸の雰囲気を味わえる街です。蔵造りの街並みには古い商家が立ち並び、時の鐘は400年以上も変わらず人々に時を告げています。大正浪漫夢通りは映画のロケ地としても有名だし、喜多院は徳川家にゆかりの深い寺で、三代将軍徳川家光が生まれた部屋があります。タイムスリップしたような気分になれるよ！

◯お台場チーム

みんなお台場に行きたいかー！　ダイバーシティでは18メートルの実物大のガンダムと記念撮影できる（2016年当時です）し、フジテレビ本社もあるし、デックス東京ビーチの「台場一丁目商店街」は昭和30年代にタイムスリップしたような気分が味わえます。お台場海浜公園にはパリの「自由の女神像」を複製した、なんちゃってヨーロッパがあります。すばらしい景色と海、昔の町並み、みんなお台場に集まっています！

○横浜チーム

そうだ、横浜にしよう！　横浜といえば中華街、しかも「金の餃子の神」というパワースポットがあって、金運や恋愛運が高められる。ぬまっちにも彼女ができるかも！　山下公園の敷地面積は7万4000平方メートル。海の景色は抜群、広

お台場チームは多彩なフリップで魅力をアピール

い芝生でランチもできます。100年前に建てられた赤レンガ倉庫で歴史を感じ、眺めのいい大さん橋に行こう！　ここは海と一緒に横浜のビル街が一望できるスポット。横浜は景色がきれいで、公園が広くて、走り回れる場所です！

さて、4チームのプレゼンが終わったところで、いよいよ討論開始ですが……。

実はこの日は世田谷小の授業研究会、つまり他校の先生方が見学に来る公開授業の日でした。プレゼンの間、教室の壁際や廊下には、全国各地から来た約100人の先生、教員志望の大学生がびっしり立って、子どもたちを見つめていました。そんな異様な空気の中で、子どもたちは「世界一の遠足」のためのディベートを行ったのでした。

「それでは、前半戦10分！」

ボクは黒板のタイマーを動かします。各チームは自分の地域だけ調べているわけではありません。相手のプレゼン内容を予想し、突っ込みを入れるために、他の3地域についてもちゃんと調べています。だからこそ、相手のプレゼンについていけるし、即座に質問することもできる。全員が4地域について詳しくなっているわけです。

横浜チーム（以下、横浜）　移動時間について話したいと思います。お台場はまあまあ近いけど、ここからだと乗り換えが3回もある。川越はとにかく遠い！　平日だから、新宿は通勤ラッシュで大変。

お台場チーム（以下、台場）　乗り換え1回で行けるよ！　東急大井町線からりんかい線で行ける！

横浜　大井町線って、朝は山手線以上に混むんだよ。私たちは乗車率について調べてみました！（説明フリップを出す）見てください。乗車率180％。スマホさえできない混み具合！

台場　私たちスマホしないじゃん。東急東横線だって混むよ！

横浜　それが、横浜行きは下りだからガラガラなんだよー。オレたちは速い！

横浜チームにはやたら電車に詳しい男の子がいるのです。

横浜　横浜はとにかく景色がいいんだよ。大さん橋とか山下公園とか、みんな海に面してるからすばらしい眺め。

新宿チーム（以下、新宿）　都庁の展望台は202メートルあるから、東京タワーもスカイツリーも見えるよ。それに、電車がガラガラってことは人気がないってことじゃない？　山下公園より新宿中央公園の方が広いし、走り回れるし！

ここで前半終了。各チーム、作戦タイムを経て、後半戦の10分が始まります。前半、沈黙気味だった川越がここで動きます。前半はじっと機会をうかがい、後半に勝負をかけるのが彼らの作戦だったようです。

川越チーム（以下、川越）　川越は景色がいいというより、雰囲気がいいの。景色は見るだけだけれど、雰囲気はその中にいられるから、川越に行くと楽しいよ。

横浜　中華街だって中国の雰囲気を味わえるよ。さらに一歩出れば海なんだから、雰囲気プラス景色ってこと。

新宿　明治神宮だって雰囲気いいし、空気もきれい！

川越　川越は江戸時代からの歴史と雰囲気があるんだよ。ちょっと他とは違うんだな。

新宿　明治神宮だって明治時代の雰囲気……。

川越　江戸時代の方が古い！　ティーチャー授業で江戸の歴史を勉強したばかりだから、ちょうどいいんじゃない？

みんなの心が少し川越に傾いてきたのがわかります。一方、お台場は横浜攻撃の手を緩めません。

台場　ネットで調べると、横浜中華街はちょっと雰囲気がこわいっていう意見が出てくるよ。子どもだけで行くのは危ないいんじゃない？

横浜　そういう意見は深夜の路地裏のことでしょ？　私たちが行くのは真っ昼間。しかも団体行動するから、不審な人にからまれることもないよ。

台場　引率の先生も少ないし、38人みんなに目が届かないことだってあるかも。

横浜　我らがぬまっちがいるんだよ？　悪いやつもビビっちまうわ！

ギャラリーは爆笑してますが……。最近、子どもたちに目つきが悪いとか、顔がコワいとか言われるの、ちょっと気にしてるんですけど（笑）。

タイマーが0になると強制的に討論は終了し、決を取る事になります。しかし、終了直前、子どもたちはものすごい目配せで「タイマーを止めて！」という念を送ってきました。子どもたちはまだ話し合いたい。結論を出したくないようです。ボクはそれを受け止め、タイマーは終了7秒前でストップ。決着は次週に持ち越しとしました。

ここで「世論調査」。とりあえず現状を把握しておきます。挙手させてみると、1位横浜、

2位お台場、3位川越、4位新宿という結果に。自分のチームに投票しない子がけっこういるのが面白いところです。

今回の討論で感動したのは、新宿チームとお台場チームにいた、ふだん人前であまり話さない女の子が、それぞれ立ち上がって、猛然と自分の意見をしゃべり始めたことです。クラスのみんながびっくりし、ボクも驚きました。

やはり、この日が公開授業だったこともあったでしょう。見知らぬ大人たちに囲まれ、彼女たちも緊張して、そのために羞恥心の水面が下がり、ポンと殻を破ることができた。そう、「場」が彼女たちを一気に開花させたのです。

*

公開授業が終わると子どもたちは下校。ゲストの先生や学生たちは居残り、協議会に移りました。協議会とは、今見学したばかりの授業の批評会です。授業をしたボクは、まな板の上の鯉のようなものです。

50人ほどが協議会に残ってくれました。北海道、岩手、山形、富山、京都、岡山からも、ボクの授業を見に来てくださった方々がいました。ありがたいことです。

協議会では、いろいろな質問を受けました。

Q 子どもたちの議論を聞いていると、何だかこのまま数で決めてしまうのはもったいない。最終的にはどう結論づけることになるのでしょうか。

ボク 実は、子どもたちが一番望んでいることは「長く一緒にいられること」なんです。帝国ホテルも、最初はランチだったのが、「ディナーの方がいい」と子どもたちが言い出したのは、「そのほうがみんなといられる時間が長いじゃん」という理由からです。だから、本当は「どこに行っても楽しい」と子どもたちは思っているんじゃないでしょうか。

最後は**「多数決ジャンケン」**になるかもしれません。単純な多数決って、生かされない意見が多いですよね。6対4で6が勝ったら、40%の意見はゼロになってしまう。とはいえ、10対0になるまで話し合いを続けるのはナンセンスです。

そこで、ボクたちのクラスで編み出されたのが多数決ジャンケン。6対4だとしたら、そこで勝ち抜き戦を行います。4人は不利だけれど、連勝すれば6人を打ち負かす可能性があります。これが発動したら、結果は絶対で、恨みっこなしです。

でも今日それを発動させなかったところを見ると、子どもたちにはまだまだ言い足りないことがあるのだと思います。

Q **子どもたちの様子を見て、よく話すなあと感心するとともに、よく人の話を聞いているなあとも思いました。「傾聴」は私のクラスでも指導していますが、その時はうまくいっても、なかなか長く定着しない。何かよい方法があるのでしょうか。**

ボク 「人の話をよく聞きなさい」という指導は正しいと思います。それができるようになったら、そこで終わらず一歩先に行きたい。ボクは子どもたちに「人が聞きたくなるような話をしよう」と言っています。

みなさんが小学生の時、「先生の話、つまんないな」と思ったことはありませんか？ふと気がついたら自分がそうなっている時があるんですよね。こちらは一所懸命しゃべるんだけれど、相手にとっては大事でないのでつまらない。大学などで、自分の研究の話が楽しくなっちゃって、学生じゃなくて黒板に向かって話している先生もいますよね。

ボクはこの1年半、「話すなら、上手に話そう」と言い続けてきました。その成果は、今日のプレゼンとディベートに表れていたと思います。**上手に話すためには、まず人の話を聞かなければいけない**のだと、子どもたちは理解したはずです。

「傾聴」ってハッキリ言うと、受身の「聞く姿勢」ですよね。でもボクは能動的な「聞く意欲」を育てたい。だから「上手に話そう」なんです。

さらに言うなら、今日の遠足のコース決めは、誰しもが聞きたくなる絶好のネタだった。子どもの興味を引きつけるようなネタ作りも重要です。

＊

翌週の2月1日月曜日、新宿チームのメンバーから「チームを移籍してもいいかな」という提案が出ました。うちのクラスらしいじゃん、とボクは思いました。「どうせなら、今から移籍自由にしない？」と、子どもたちの間で話がまとまり、4チーム間で大移動が始まりました。その結果、メンバーが横浜、お台場、川越の3つに集中し、当初19人と最大派閥だった新宿チームはわずか2人に。

傍から見ると、政界大再編みたいなハラハラする展開かもしれませんが、これを平然とやれるのがこのクラスの強み。強い信頼関係があるので、どんなことをしても全体のチームワークが崩れないんです。

また、最初に結成されたチームは、「そこに行きたい！」という子ばかりではなかったということです。「行きたいところじゃないけれど、そこを調べてみたい」と、あえて別のチームに入った子もいました。つまり、みんな、実は行き先はどこでもいい。ディベートを楽しみたい、決めるならちゃんと知ってから決めたい、ということなんですね。

ファイナルディベートは、中学受験組が帰ってきた2月9日に行われました。ここでも再び、お台場チームが中華街の混雑ぶりや治安について指摘し、横浜チームが反論してヒートアップしました。

横浜　お台場は商業施設だから、お金を使わない人が楽しめない。

台場　紹介したところはみんな無料。ガンダムだって無料！

横浜　ガンダムを喜ぶ世代なんてぬまっちだけ！

……などと、やや泥仕合になりかけたところ、

川越　みんなで楽しむのが目的で、買い物に行くわけじゃない。川越は街そのものの雰囲気が楽しい。商業施設じゃなく、もっと自然とか空気を楽しむことを考えようよ！

これには他チームからも拍手が出ました。

電車の混み具合を槍玉に挙げられていたのは新宿チームとお台場チームでしたが、

新宿　（写真を見せながら）乗車率180％ってこの程度。新聞がギリギリ読めるくらいだよ。
　オレたちならうまく動ける！

「根拠のある意見を言おう」「データを示して話そう」が今回の討論の眼目だったわけですが、それはかなりのレベルで達成されたようです。

そして、最後の決め手になったのは――。

横浜　この前のディベートの後、休日の午前中に横浜に行ってみたんだよ。電車はガラガラだった。みんなが心配するような混雑はないよ。平日の月曜日だもん。

　これは見事な隠し玉。なにしろ実地調査しているわけだから、誰も反論できない。ボクもうなりました。この後、無記名投票を行い、38人中16票を集めた横浜が1位になり、遠足午前ルートは決定しました。子どもたちは、じっくり話して気が済んだのか、多数決ジャンケンも発動されませんでした。
「ここまでディベートしたからもう満足」

「どこでもいいから行きたくなった」

「ゲーム感覚だから仕方ないけど、ちょっと相手を悪く言い過ぎた」

「みんなの意見を聞いて、知らなかったことを知ることができてワクワクしてきた」

という意見が口々に出て、ノーサイドになりました。

ちなみに、横浜を攻撃し続けたお台場チームのリーダーは、自分の票は川越に入れたあげく、「ま、どこでもいいんだよ。このクラスはどこでも楽しいから」と日記に書いてきました。彼女の本音だったのでしょう。

*

ルミネtheよしもとは、JR新宿駅南口の駅ビルの中にある、吉本興業の常設劇場です。吉本所属の芸人さんによる漫才やコントが連日休みなしで上演されており、お笑い好きなら一度は行ってみたい場所です。

「だからって、小学校の遠足でお笑い鑑賞……?」と言われるかもしれません。

でも、ボクたちのクラスにとって、このルミネtheよしもとは、思い出の「学びの場所」だったんです。話は1年半ほど前に遡ります。

子どもたちが5年生の秋に、「勝手に観光大使」というプロジェクトをやったことは第2章で書きました。藤の実フェスタの前に、「人前でプレゼンテーションするんだから、プロの技を盗みに行こう！」とボクは言いました。

「話し方のプロといえば、お笑い芸人。芸人さんの話し方がなぜうまいのかを分析して、作文を書くように！」

そして、「総合の時間」を使ってルミネtheよしもとに行ったのです。

授業なんだから、子どもたちはお笑いを楽しむどころではなかったと思います。その時子どもたちの人気を集めたのは、宇治原史規さんと菅広文さんの「ロザン」でしたね。客席に大勢の子どもがいると見るや、

「お前頭ええから何でもわかるやろ。じゃあ徳川家康の体積言うてみい！　縦かける横かける高さは！」

みたいなネタを飛ばしてくる。ちょうど体積を学習したばかりの子どもたちは大爆笑でした。

芸人さんの話し方やネタ構成は、教える仕事には絶対役に立つとボクは思っているんです。これから先生を志す若い人は、「しゃべりのプロ」の仕事を常に見ていたほうがいい。子どもたちも、お笑いを生で見て、「しゃべりのテンポが悪いとつまらなくなるな」とか、「しっかり前を見て話さなきゃ伝わらない」とか、学んでくれていました。それが藤の実フェスタでの「勝手に観光大使」のプレゼンの出来につながったと思います。

その時に子どもが書いた作文は、コピーを取った後、すべて吉本に差し上げました。そんな思い出のルミネｔｈｅよしもとに、子どもたちは1年半ぶりに戻ってきたわけです。しかもこの日は出演者が豪華でした。麒麟、ガレッジセール、東京ダイナマイト、キングコングも舞台に上がりました。

キングコングの西野亮廣さんは、いまやお笑いにとどまらずエッセイや絵本でも活躍されていますが、ボクは２０１５年10月、西野さんが大阪で主催した「サーカス！」というイベントに呼んでもらったことがあります。このイベントは、学生時代、勉強が面白くなかったという西野さんが「面白い先生ばっかり集めた学校があったら、勉強が面白くなるんじゃないか」と考え、自ら「校長」となって開校した仮想スクールです。ボクも一所懸命授業したつもりですが、お笑い芸人さんの授業がすごく面白いのでビックリするやら悔しいやら。勉強になりました。

その西野さんはこの日の舞台終了後に、子どもたち全員と笑顔で記念撮影に応じてくれました。子どもたちにとっても一生の思い出になったはずです。

＊

新宿から東京メトロに乗り、午後3時半、日比谷公園に着きました。

ボクたちがルミネにいる時に一回ザッと来たようですが、ボクたちは幸運にもまったく雨に降られていません。雲間に太陽さえ少し顔を出してきました。

ここまでほぼスケジュール通りです。馬車道駅で降り、赤レンガ倉庫に行き、大さん橋で海を眺め、中華街で豚まんを買って、みんなで山下公園で食べました。子どもたちは、そこにいた幼稚園児と仲良くなって、一緒に電車ごっこに興じていました。

予定外といえば、ボクの金運と恋愛運を高めてくれるはずの「金の餃子の神」が閉店していた（笑）ことと、横浜駅のホームでPASMOをくるくる回して遊んでいた男の子が、線路にPASMOを落としてしまい、駅員さんに拾ってもらったため、乗る電車が1本遅れたくらいです。この「くるくる」で彼はのちのち散々ネタにされましたが、その時のホームでは子どもたちはみな落ち着いていて、「ま、大丈夫だよ。大したことないよ」という対応だったのでボクはむしろ感心しました。

しかし、朝の出発からもう7時間が過ぎています。移動距離も長く、さすがに子どもたちは少し疲れた顔。電車の中で寝たり、いま噴水脇に寝そべっている子もいます。

しかし、今日のメーンイベントは、これからなのです。

日比谷公園から、横断歩道一つ渡れば、帝国ホテル。目指すは17階の「インペリアルバイキング　サール」です。

「さあ行こう！」と、ボクは言いました。

帝国ホテルが「インペリアルバイキング」をオープンしたのは1958年。お客が食べたいものを自由に選べるスタイルは、北欧の「スメルゴスブード（スモーガスボード）」と呼ばれる伝統料理が元になったそうで、これを「バイキング」と名付けたのは帝国ホテルが最初です。2004年に「インペリアルバイキング　サール」としてリニューアルし、現在に至ります。

＊

えんじ色のじゅうたんが敷き詰められ、柔らかな間接照明の中に浮かび上がる店内は、隅々まで落ち着いて高級感あふれる大人の空間です。17階なので、窓からは都心の夜景も見渡せます。宿泊している外国人の中には割とラフな格好の人もいましたが、基本的には正装した男女ばかりがテーブルについていています。

その中に混じって、38人の小学生が食事をしています。

日比谷公園から、いよいよ帝国ホテルへ。遠足の模様はボクが逐一ブログにアップ。保護者にリアルタイムで見てもらうためです

全員着替えをしたので、昼間の動きやすい服装とはまったく違います。男の子はスーツを着てネクタイを締め、女の子はしゃれたドレス姿。みんな、びしっと背を伸ばして、一人前に両手でナイフとフォークを操っています。

――ホントウに来ちゃったな。

と、ボクはつぶやきました。

――ホントウに、ホントウに、来ちゃったなぁ。

数か月前、帝国ホテルに電話して、「小学生38人でバイキングのディナーを予約するのは可能ですか」と尋ねたら、担当者のかなり困った感じが伝わってきました。それはそうだろうと思いました。ファミレスじゃないんです。マナーも知らない小学生の集団がワイワイやったら、完全に営業妨害です。

しかし、わがクラスの夢の実現のため、交渉担当のタンニンとしては、そこで諦めるわけにはいきません。保護者の一人に苦境を伝えたらひと肌脱いでくれて、「インペリアルバイキング　サール」支配人の深田智之さんに直接お会いすることができました。ボクは子どもたちが1年近くかけて努力し、積み上げてきたプロジェクトの数々について説明しました。世田谷小の発祥の地が、帝国ホテルの建つ千代田区内幸町だというご縁もあるし、子どもたちに本物の「日本一のホテル」を体験させたいのだと力説しました。「もし、一人でも他のお客さんに迷惑をかけたら、その場で全員つまみ出してください。

さって結構です！」

深田さんは、そんなボクの言葉をじっと聞いた後、「ぜひお受けしたい。こういう機会に関われるのは、ホテルとしてもうれしいことです」と言ってくれました。さらに、ディナーの前に、インペリアルバイキングのキャプテン、田口泰さんによるマナー講習とメニュー解説までサービスしてくれることになりました。

当日、ホテル広報課支配人の照井修吾さんが子どもたちを見て、驚いていました。

「みなさん、お行儀がいいですね。すばらしい取り組みです」

当たり前ですよ。ボクには最初からこうなる自信がありました。

ボクたちは、世界一のクラスですから！

キャプテンの田口泰さんによるマナー講習とメニュー説明。「早く食べさせてくれ！」という子どもたちの心の声が聞こえてきます

＊

帝国ホテルのバイキングの最大の名物は「ローストビーフ」です。田口キャプテンによると、「最高級の牛肉のかたまりを、オーブンで1時間半焼いて、さらに1時間寝かせる。合計2時間半かかります」。これをその場でスライスし、皿に載せ、ソースを掛けていただく。バイキングだから食べ放題です。

「めっちゃおいしい！」

料理はイタリアンを中心に40種類もありましたが、やはり子どもたちの一番人気もローストビーフ。一人で8枚平らげた猛者もいました。ここのローストビーフはとろけるほど柔らかいのですが、その分脂も多くて、大人だってそんなに食べられません。なんでそんなに食えるん

人気のローストビーフにはいつも行列ができました。どんだけ食うんだ！

だと思ったら、その子は肉をカットするシェフと仲良くなって、ちゃっかり脂身を落としてもらってるのでした。

　やはり小学生なので、美味いものは限界まで腹に詰め込もうとします。豊富なデザートも大人気で、ジェラート各種の容器は、彼らのおかげで一度空っぽになってしまいました。「おなかが苦しい」「こんなに食べたの生まれて初めて」という子が続出。もう苦笑するしかありません。

　ボクはといえば、一通り腹にかき込んだはずですが、味をほとんど覚えていません。その時はあまり意識していませんでしたが、やはり引率としてのプレッシャーが相当あったようです。教室以上に38人の行動に目を配ることに集中していました。その一方、子どもたちの堂々たる様子に感動もしていたのです。「こいつら、やっぱりスゲェわ」と。

　卒業の前に、「本物」の場所に連れて来られてよかった。**子どもを成長させるのは、いつだって「本物」との出会いなんです。**

卒業文集より

楽しい時間はあっという間に過ぎてゆく。最後の一口を食べ終わると、口には6―1と過ごした思い出が残っていた。その思い出は色々な味がした。うれしい味、悲しい味。全ての味で絶妙なハーモニーを奏でていた。

（ゆう）

帝国ホテルの入口に次々と到着したリムジン

帝国ホテルから学校への帰りの足は、これもお待ちかねの「リムジン」です。

真っ白な「フォード　エクスカージョン」10人乗りと、「リンカーン」8人乗り、計5台の大きな車体が、帝国ホテル1階の宴会ロビー前に次々と滑り込んできます。5つのグループになって、みんな「おおー……」と感嘆の叫びを上げながら乗り込みます。

リムジンの車内は、ソファー状にぐるりと革張りのシートがあって、タンブラーやワイングラスの揃ったミニバーまでついています。（小学生には関係ありませんが！）長さ10メートルもあるクルマが、5台連なって一般道を走る様は、さぞ壮観だったろうと思います。スモークガラス越しに、歩道の人々が興味津々で振り返るのが見えました。どこかの富豪？　外国からの要人？　まさか、小学生の遠足だなんて、考えもしないでしょう。

日比谷から世田谷小まで約1時間。子どもたちは車中で、それぞれに楽しんだようです。歌を歌ったり、恋バナに花を咲かせたり。子どもをリムジンに乗せるなんて早すぎる、もったいないという意見もあるでしょう。しかし、子どもたちには子どもなりの楽しみ方や、価値の見出し方があるとボクは思っています。

午後8時半過ぎ、5台のリムジンが学校の校庭に並び、全員が降り立った時、子どもたちはびっくりしたはずです。

そこで出迎えたのは「しまねっこ」でした。待っていた保護者から拍手が沸き起こりました。

ボクが最後の最後に仕込んだサプライズでした。しまねっこは、子どもたちが5年生の時、「勝手に観光大使」のお礼として、はるばる島根県から来てくれた、ボクたちのクラスのアイドルです。この日のために、再びやって来てくれたのでした。

高級感あふれるリムジンの車内。お酒のグラスやアイスボックスもついてました

あとはもう、しまねっこを囲んでの記念撮影大会。夜の9時を過ぎ、今度こそ雨が降ってきたのに、子どもも大人も、誰も帰ろうとしません。

思えば、ここにいる保護者の皆さんの協力なしには、朝の8時台スタートで夜の9時ゴールという、非常識なロングラン遠足は実現しませんでした。もし一人でも都合で迎えに来られない保護者がいたら、帝国ホテルでのディナーはなかったでしょう。もっと早い時間に解散しなければならなかったはずです。

しかし、皆さんは夜の校庭で、冷たい雨の中、子どもたちを笑顔で待っていてくれたのです。ボクはそっと頭を下げました。

＊

「夢みたいな一日だった！」

「もうあり得な〜い。でもまた行きたい！」

「ぬまっち何かやるとは思ったけど、まさか、しまね

なんと、島根県のゆるキャラ「しまねっこ」が校庭でお出迎え。子どもたちはびっくり！

ことは！」

後日、子どもたちからはこんな感想を聞きました。

「帝国ホテルのディナーもリムジンも、キミたちが大人になったら、そんなに難しいことでもないんだよね」と、ボクはワザと夢のないことを言ってみます。

「でも、このクラスで行くのは、二度とできない！」

子どもがドヤ顔で言い返してきます。それを聞いた他の子どもも、みんなドヤ顔をボクに向けてきました。

その通りだね、と胸の中でボクはつぶやきました。ボクにとっても、二度とできない体験だった……。

いつでも開けられる夢のタイムカプセル。ボクはそれを、みんなにプレゼントすることができたのでしょうか。

卒業文集より

リムジンが帝国ホテルの前にとまった。セレブになった気分だ。写真をとり、中に入る。いい匂いがした。さらに胸が高鳴った。「あっはっは！」とみんながリムジンに揺られながら爆笑する。リムジンをおりたらもう楽しい一日が終わってしまうんだと思うと無性にリムジンからおりたくなかった。

（ジュリア）

9 タッチバスケの得点王

卒業まであと少しだというのに、6年1組で2月中旬から、プロジェクトBLA＝バスケットリーグアソシエーションというものが立ち上がりました。クラスを六つのチームに分け、体育の時間を使って熾烈なペナントレースを行ったのです。

さっそく「BLA新聞」というスポーツ壁新聞まで発行され、6チームの戦績と順位が詳報されました。チーム別得点力ランキング、守備力ランキング、戦力分析まで解説されています。こういう盛り上がり方が、5班が交代制で毎日壁新聞を発行しているこのクラスらしいところです。

ところで、ボクたちがやっていたバスケは、普通とちょっとルールが違います。「タッチバスケットボール」と呼んでいます。

世田谷小の校内研究授業で、体育の久保賢

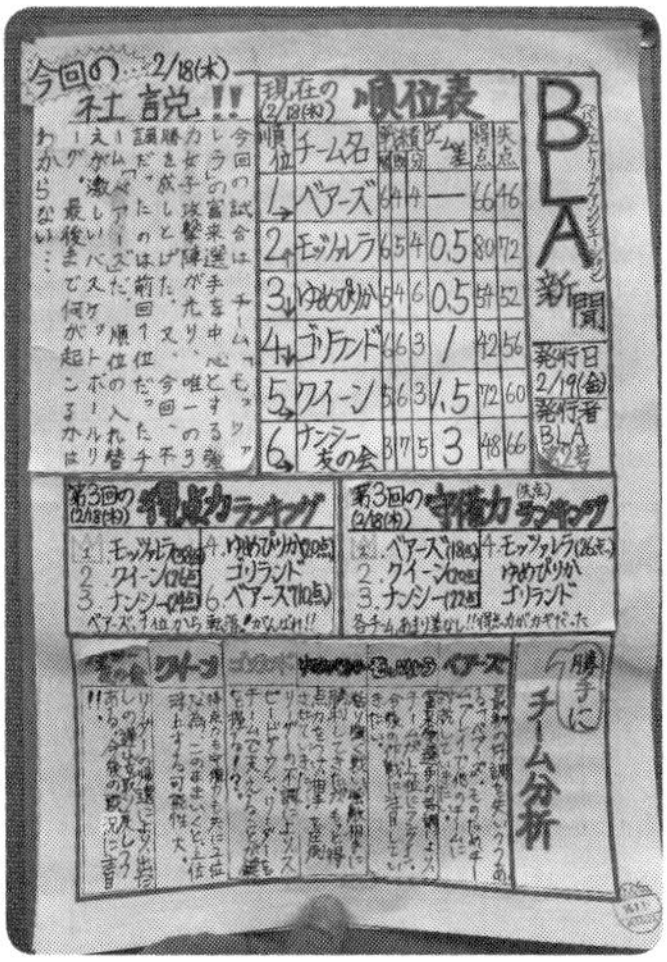

さっそく発行されたスポーツ壁新聞。社説まであります

太郎先生が「タッチハンドボール」というのを考案、発表されました。技術の差が出やすいドリブルを省いたのが最大の特徴で、子どもはボールを持ったまま走れます。ただし、相手プレーヤーに体をタッチされたら、その場で立ち止まって、パスかシュートをしなければなりません。

小学校学習指導要領で、高学年の体育は「活動を工夫して各種の運動の楽しさや喜びを味わうことができるように」等の目標が定められています。より具体的な種目、例えば「ゴール型のボール運動」では、「簡易化されたゲームで、ボール操作やボールを受けるための動きによって、攻防をすること」となっています。久保先生はハンドボールのルールをうまく簡易化したわけで、ボクも「面白いなあ」と感心して見ていました。久保先生は今後も体育授業研究会などで、この「タッチハンドボール」を積極的に発表していくそうです。

ボクはアメリカの大学でスポーツ経営学を勉強したこともあり、体育の授業をするのが大好きです。なので、久保先生の「タッチハンド」を見た時、感心しつつも、もうちょっと何か手を加えたくなりました。ドリブルがなくなったとはいえ、ボールゲームが苦手な子は、その場で立ち止まって待つことが多く、パスをもらうために動き回ることができません。その結果、なかなかパスが回ってこない。シュートチャンスも来ない。やっぱり上手な子がバンバン得点を決めるのは同じ。そのあたり、何とかならないかなと思いました。

久保先生のアイデアを使わせてもらって、ハンドボールをバスケットボールに替えて、タッチバスケットボールにしてみました。基本ルールは同じで、ハンドボールのゴールがバスケットに変わっただけです。

その練習ゲームをしていた時、たまたま近くにいた女の子に、「何か面白くならないかな、どうしたらいいと思う？」と聞いてみました。彼女は運動会リレーでアンカーを走り、応援団長も務めた運動神経抜群の子で、クラスでは「女王」の異名を奉られています。彼女はちょっと考えて、「**シュートを決めたら選手交代**ってことにしたらいいんじゃない？」。しかし、自分にとっては不利なルールと気づいたのか、「あー！　今のナシナシ！」とあわてて手を振りました。

ボクはその言葉にひらめいてしまいました。ボールゲームが苦手な子がパスを受け、シュートを決める姿が、その光景が、頭の中で見えたんです。

「面白い、それやってみよう！」

＊

試行錯誤の末に固まった「6―1式タッチバスケ」のルールは以下の通りです。

（1）1チーム6、7人。試合に出るのは4人。

（2）試合時間4分。
（3）ドリブルなし。ボールを持って走れるが、相手選手にタッチされたらその場に留まり、パスかシュートをする。
（4）シュートで得点したらコート外メンバーと交代。メンバーは指名できず、順番を守る。
（5）シュート体勢に入ってからのタッチ、激しすぎるタッチはファール。
（6）2人が同時にボールをつかんだらジャンケンで決める。

体育館ではコートが2面取れるので、その時試合のない2チームが審判を務めるようにしました。一試合4分なので、準備体操や交代時間を入れて、各チームが1時限で4、5試合できる計算です。

そうそう、もう一つ大事なルールを忘れていました。

（7）連続して試合する場合、次の試合は前の試合終了時にコート外にいたメンバーを優先的にスタメンとする。

最初はボールに慣れさせるため、ひたすらランニングシュートの練習。それからチームリーダーを6人決め、「ドラフト方式」でチームを作りました。つまり、欲しいメンバーをリーダーが1人ずつ指名していったのです。「みんなの目の前でやったらイヤでしょ」と、リーダー6人はさっさと別室に行って指名作業を行いました。こういうちょっとした気遣いが、このクラスはよく育ってるなあと感心するところです。

結果、6人チームが四つ、7人チームが二つできました。「ベアーズ」「ゆめぴりか」「ゴリランド」「クイーン」「モッツァレラ」「ナンシー友の会」の6チーム。男女比もほぼ半数ずつになりました。

6―1式タッチバスケの最大のポイントは、あの「女王」が発案してくれた「シュートを決めたら即交代」というルールです。

エース級の選手がいても、シュートで得点したらコートを一度去らねばなりません。次にその子が復帰す

ボールを持って走れるが、タッチされたら止まらねばならない「タッチバスケットボール」

るためには、残ったメンバーで得点し、ローテーションするしかありません。コートに長く残りたかったら、シュートを打てないというジレンマが生じるのです。

この「縛り」が、普通のバスケとは異なる戦略を生むことになります。1人をゴール下に配置し、パスでボールを集める。その子はシュートを決めて交代。チームの司令塔はボール回しとディフェンスに徹し、得点ゲットの「砲台」は、あまり運動が得意ではない子に任せるという作戦が有効になってきます。

シューターの主役は女の子たち

そういう役割分担がはっきりすると、シュートの苦手な子は勝手にシュートの練習を始めます。10回打って1回しか入らなかったのが、3回になり、5回になる。その子が上手くなればなるほど、チームの得点力向上につながっていくのだから、練習にも力が入るというものです。

実際、そういう戦略を取ったチームは躍進しました。

シーズンでぶっちぎりの得点王になったのはそのチームの女の子ですが、彼女は決してボールゲームが得意な子ではありませんでした。その子が、体育の1時限で計12得点も挙げたりするようになったのです。前述したように、得点したら一度コートを出るルールなので、ものすごい命中率だということがお分かりでしょう。ちなみに、得点ランキングの上位に名を連ねたのは、彼女のような運動が苦手な女の子たちでした。

チームによって戦略はさまざまで、メンバーが均等にシュート力を持つチーム、守備が堅いチーム、強力なリーダーが引っ張るチームなど、いろいろなカラーが出ました。ルールの枠内で、チーム全体の「得点力」を最大にするべく、クラス全員が頭を絞って作戦を練ったわけです。

その勝負はある意味、ドラフトによるチーム構想の段階から始まっていたとも言えます。

＊

ところで、「マネーボール」というアメリカ映画（2011年）をご存知でしょうか。

2002年の大リーグで、オークランド・アスレチックスが、球界の常識を破る戦略を打ち出します。「セイバーメトリクス」と呼ばれる統計理論で選手のさまざまな数値データを徹底的に分析し、従来の評価基準（長打率とか盗塁成功率とか）とはまったく違う物差しで選手を評価しようとしたのです。

アスレチックスのゼネラル・マネジャー（GM）ビリー・ビーンが重視したのは、「チームとしての得点力」でした。ホームランの数や、時速150キロのボールを投げられるかどうかは、個人の能力の高さを示すものであっても、チームの得点力につながっているとは限らない。長打をかっ飛ばすが三振も多い選手より、打席で粘って、四球を選んで出塁する選手の方が優秀なのでは？　犠牲バントは、必ずアウトカウントが増えるから、むしろ不利なのでは？

そんな視点から選手の能力を洗い直したビーンは、年棒に引き合わない選手を放出する一方、他球団から見放された選手と次々に契約します。大型補強を行うのではなく、誰にも気づかれずに埋もれている選手を集めた。ビーンは、数字の裏に隠れた彼らの真価を見抜き、それが生かせるチームを作ろうとしたのです。信念を貫き通したビーンは、ついにアスレチックスに奇跡の快進撃をもたらします。

ボクはこの年、ちょうどアメリカの大学院に留学中でした。だから、アスレチックス20連勝という奇跡を幸運にも目の前で見ることができました。そんなこともあって、この映画が大好きなのですが、ビーンがこだわった**「個人個人の力より、チームの総合力」という考え方は、学校体育にこそよく当てはまるのではないか**と思っています。

その一つの証明が、第3章で書いた「運動会リレー戦法」です。実は、「6―1式タッチバスケ」とは、あのリレー戦法をボールゲームに応用したものなのです。大事なのは、個人の突出した能力じゃなくて「チーム全体の力」。運動の苦手な子でも、練習すればチームを引っ張る「得点王」になれるルールなんです。

学校体育として考えた場合、タッチバスケにはまだまだ改良の余地があります。交代ルールゆえ、ポイントゲッターがシュート要員に特化しすぎるケースが出て、「得点王」なのに汗ひとつかかない、運動量が不均衡じゃないかという批判もあるでしょう。その通りだと思います。

でも、小学校体育の目的は、少なくとも運動嫌いを増やすことではないとボクは思います。運動ができる子もできない子も、同じように輝けて、ゲームとして面白くて、しっかり体作りもできている。そんな理想の体育を、ボクはこれからも、子どもたちと考えていきたいと思っています。

そうそう、子どもの日記のコメントにこんなのがありました。

「なんか休み時間にバスケの練習に行っちゃう自分が信じられない！」

＊

プロジェクトBLAのペナントレースは3月初めにクライマックスシリーズが行われ、シーズン当初は5位で低迷していた「クイーン」（あの「女王」が率いたチーム！）がメキメキ強くなって優勝。クライマックスシリーズには保護者も呼んで、タンバリンや鈴など鳴り物を用意して応援してもらいました。観客は多いほど盛り上がりますから！

そこですっかり熱くなった子どもたちは、「第2シーズンをやりたい！」とボクに詰め寄ってきました。

いや、キミたちもうすぐ卒業だし、授業時間があまり残ってないんだけど……。

と、のど元まで出かかりましたが、この熱気に水を差すのは、ボクのタンニン魂が許しません。

「授業時間足りないから、中休みも授業に使っていいか？」「ぜんぜんOKでしょ！」というやり取りの末、何とか時間を工面して、チームをまたドラフトで組み替えて、BLAの第2シーズンが始まりました。

驚いたことに、第1シーズンで有効だった「ゴール下にシュート要員」のセオリーを、緻密な連携プレーで封じるチームが現れ、ボクも舌を巻きました。各チームの戦略はますます高度化しているし、得点王ランキングもどんどん入れ替わってるし、タッチバスケ自体がスポーツとして進化し始めたのです。

第2シーズンのクライマックスシリーズも、やはり保護者たちを呼んで華々しく開催しましたが、そこで子どもアナウンサーと解説者が行った「実況中継」が爆笑を呼んでいました。

「そういえば、ボクたちあさって卒業なんですよ。こんなことしてて大丈夫ですかねー？」

「ま、あと2日もありますから。何とかしちゃいますよ、このクラス！」

Q3

まだ教師になりたてですが、「この仕事をずっと続けていけるだろうか」と毎日のように考えてしまいます。沼田先生はそんなことを考えたことはありませんか？

ボクだって「この仕事を続けていけるのかな」と思うことはありますよ。でもボクの場合はネガティブでなく、ポジティブな意味ですけどね。ボクは今の先生という仕事が好きですが、一生「先生でなくてはならない」とは思っていません。もし今後、先生よりもっと向いている仕事があると思ったら、そっちに行く可能性だってあります（笑）。

小学校の先生の3割の残業時間が「過労死レベル」であることが大きく報道されました。若手の先生がすごく忙しいのは知っています。仕事の要領が分からないから勤務時間が長くなりがちだし、他の先生や保護者たちとの人間関係に慣れないこともあるでしょう。今は若くて体力があるから何とか頑張れるけれど、この先何年も同じことができるだろうか？　でもそれは、授業のやり方や校務のこなし方を、「ずっと今と同じスタイル、同じ頑張りでやり続ける」という無意識の前提があるから。やり方の発想を変えてみてもいいと思います。

若い先生に知ってほしいのは、「人間はどんどんレベルアップできる」ってことです。毎年成長するのは教室の子どもだけではありません。ボクの場合、先生1年目に比べて、今の方が学級経営に費やす仕事量は減っています。さすがに午後5時の定時に毎日帰るのは難しいけれど、残業で遅くまで残ることもずいぶん少なくなりました。

別にサボっているわけではありませんよ。子どもたちが自分で考え、自ら進んで動くような関係とシステムを、ボクと子どもたちとの間で築いているからです。この本では、その実例をたくさん紹介したつもりです。

「先生どうしたらいいですか」と子どもに聞かれた時、「こうしなよ」ではなく「どうしたらいいと思う？」と聞き返すんです。そして、子どもが自分で判断して動いたら、ニッコリして「ありがとう！」と必ずお礼を言う。ひたすらこの繰り返し。最初はかなり面倒くさいですよ。でも、それを粘り強く繰り返していると、子どもは自分で考えて行動するようになります。そしていつからか、「そんなことまでしてくれたの？　ありがとう！」と本気で感謝することが増えてくるのです。本当ですよ。

面倒くさいから、時間がかかるから、目の前のことを何でもかんでも先生が自分でやっちゃうのが一番よくないパターンです。それを続けると、先生の仕事は減るどころか増えていきます。子どもはいつまでも自分でやる癖がつかない。先生はイライラして子どもにさらに指示を出すようになる。悪循環で、まったくいいことがありません。

もし仕事が忙しくて、将来パンクしそうというのが当面の悩みでしたら、あなたがレベルアップすることで解決可能です。それは「子どもとの信頼関係のレベルアップ」ということでもあります。

卒業

10 さらば相棒

2016年3月19日、平成27年度の卒業の会が行われました。6年1組の巣立ちの日です。世田谷小では、卒業の会で6年生クラスが自分たちの「クラスネーム」を発表するのが伝統です。クラスネームとは、そのクラスの個性を凝縮するような言葉です。その理由も自分たちで考えて発表します。

過去に発表されたクラスネームは、実はけっこう変わったものが多いんです。例えば2013年度にタンニンした〈4代目・世界一のクラス〉6年3組は「シマウマ駅伝」でした。シマウマはプライドが高くて個性が強いけれど、そんなシマウマたちが、駅伝みたいにチームとしてタスキをつないできたのがうちのクラスであるという理由です。

今までの卒業の会を見ていると、「絵の具」「百科事典」「花火」なんてクラスネームもありました。ちょっとナゾナゾのようですが、「その心は?」というのもひとつの楽しみ。毎年、卒業する子どもたちが、頭をひねって、自分たちのアイデンティティーを最も言い当てる言葉を考えてきたわけです。

校歌斉唱の後、松浦執校長からひとりひとりに卒業証書が授与されます。呼名するのはタンニンのボクですが、名前を呼ぶたびにその子のエピソードがフラッシュバックしてきます。感極まって、名前を嚙まないようにと必死です。
その後、在校生からの「お祝いのよびかけ」があり、いよいよ6年生の出番。1組のクラスネームが発表されました。

Pの変 ～諸説あり～

これが6年1組のクラスネーム。やっぱり、相当に変（笑）。
子どもたちが、ステージ上で順番に立ち上がって説明します。

諸説ありの諸説とは
さまざまな受け取り方があるという意味

38人で考えた「クラスネーム」を卒業の会で発表する6年1組の子どもたち

わたしたちはどんなことにも
自分なりのアイデアを加え
プロジェクトに取り組んでいる
周りからは指摘を受けることもある
だけど　みんなちがって、みんないい
だから　自分たちを信じて進む
それが　6の1だ

そんな6の1には
変な人がたくさんいる
掃除中に踊り出す
それって変だ
いや　珍ともいう
その中でも一番変なのは
タンニンのぬまっちだ
「Pの変」の変は

6年1組にぴったりだ

また　変にはもうひとつの意味がある
歴史上の出来事で変とつくものがある
例えば本能寺の変
桜田門外の変
変とつく出来事は
その戦《いくさ》が成功した時に名づけられる
私たちはさまざまなコンクールに応募し続け
約30個の作品が受賞した

その成果は夢の卒業遠足に変わった
横浜でブタまん
帝国ホテルでディナー
5台のリムジンで学校へ
お迎えにはしまねっこ

遠足の夢は現実になった
最後にＰの意味を説明する
Ｐにはさまざまな意味がある

（ここで、38人が一斉にフリップを掲げました。）

Play（遊ぶ）Professional（専門的）Penetrating（洞察力のある）Positive（前向き）Performance（表現）Partner（仲間）Power（力）Project（企画）Passion（情熱）Pride（誇り）Perfect（完璧）Pleasure（喜び）Permanence（永久）Premium（特別な）Present（おくりもの）Plan（計画）……

世界を変える僕たちは
「Ｐの変　～諸説あり～」!!

「P」に込めた意味を一斉にフリップで見せる

ここでフリップが一斉に裏返され、白地にオレンジのPの文字が鮮やかに浮かび上がる……

……はずだったのですが。

あれ？　ひとりだけPossible（できる）の文字が残っちゃってる。練習の時は、一回も失敗しなかったのに〜！　クラスメートも保護者もみんなニヤニヤ。

「ホントにあいつ、持ってるわー」

*

その子、Mとの出会いは２０１１年度の２年２組の時ですから、２年生、５年生、６年生と、彼の小学校生活の半分をタンニンしたことになります。

２年生の時のMは、じっとしていることができないことがある子でした。授業で課題を与えて、さっさと答えを出してしまうと、すぐに立ち上がってしまう時がある。

鮮やかにオレンジのPの大文字が浮き出す……はずだったのだが

「おまえ、座ってられないの？」と聞いたら「うん。動きたくなっちゃうんだよね」。それなら、とボクは言いました。「ウッドデッキ往復してきたら？」

ウッドデッキとは、教室についているベランダです。そこなら教室の中からでもよく見える。彼はきょとんとしていました。先生に「じっとしてろ」と言われることはあっても、「動いていいよ」と言われたことはなかったからでしょう。

ホントウにいいの～？　止めないの～？　そんな顔をしながら、彼はウッドデッキに出て行きました。

ボクは、できないことを子どもに要求しても仕方ないという考え方です。足の遅い子にウサイン・ボルトみたいに走れと言ったって無理。バスケの苦手な子に「マーク外してスペースに走りこめ」と指示したって無理。座っていられない子に「じっとしてろ」と言うのも同じことだと思っています。

Mは、ウッドデッキを往復しながら、チラチラとこちらを見ています。このクラスの楽しい雰囲気を、彼は彼なりに気に入っているわけです。「早く呼び止めてくれないかな～？」そんな顔をしていました。

「ああ、この子は大丈夫、絶対活躍できるな」と思いました。3日たつと、Mはボクのことを「師匠」と呼ぶようになりました。

そのうち、授業中にどうしても座っていられなくなると、ボクの足にまとわりつくようになりましたが、それはボク的にはOK。他の子に迷惑はかけていないからです。また、2年2組はそんな彼を認めてくれる、温かいクラスでもありました。

小柄で細っこいMには、人を惹きつける独特のオーラがありました。あの「時代おくれの2からディナー」の最後にバイオリンを弾いたのは彼です。5年生と6年生の時は、クラスの音楽発表会の指揮者を蝶ネクタイ姿で務めました。5年生の時は、演奏中に後ろを振り向いて、聴衆（下級生と保護者）をあおって手拍子を誘い、6年生の時は、とうとう指揮台さえ飛び降りてお客の中に入ってしまったため、演奏の方がヤバかった（何しろ、事前予告なしでいきなり指揮者が消えたんですから！）という、まあそんな子でした。

ボクは彼を一種の「天才」だと思っていました。Mがボクのことをどう思っていたかは、ずっと後で知ることになります。

＊

卒業の会の前の日、ボクは子どもたちに、最後の「道しるべ」（世田谷小の通信簿）を手渡しました。その日は、「殿堂」の花を黒板に移動したり、片付けをしたり、最後の掃除をしたりと忙しい日でした。明日卒業式だけれど、まだみんな気持ちのスイッチが入ってない……いや、スイッチを入れたくなかったのかも。そんな微妙な雰囲気でした。

ボクは、道しるべを渡す時は、出席番号順じゃなくて、シャッフルしてランダムに呼びます。Mは10番目くらいでした。

それまで教室の空気が淡々としていたのは、もうほんの一押しで涙が出てしまいそうだったのを、みんな知らんぷりしてやり過ごそうとしていたからだと思います。しかし、ボクの前に立った彼の目は真っ赤でした。それを見たボクはぐっときましたが、言葉を絞り出しました。

「おまえ、やっぱり……」

天才なんだよ、と言いかけた瞬間、ボクの脳裏にMとの3年間が怒濤のようにフラッシュバックしました。いすに座っていられなかったM。ウッドデッキを往復しながらチラチラこちらを見ていたM。音楽発表会で懸命に指揮棒を振るM。今やクラスの人気者になったM。目の前のMは、涙を必死にこらえています。ボクは言葉が出なくなってしまい、とりあえずこの場をしのごうと道しるべを渡し、Mと握手しようとしました。

その瞬間、Mとボクの両目から涙があふれていました。

クラス中がしーんとしています。

「ごめん」

ボクは両手で顔を覆ってみんなに言いました。

「落ち着くまで、ちょっと待って……」

席に戻ったMは、ジャンパーをひっかぶって、なおも泣いています。

今度は女の子たちの涙腺が決壊しました。嗚咽は教室中に伝染して、もう止まりません。

その後も、何度もこみ上げるものがありましたが、ボクはみんなの名を呼び、道しるべを渡し続けました。それから道しるべを受け取りに来た子どもたちは、「コメントいらない！　泣いちゃうから、何も言わずに渡して！」などと半分悲鳴を上げています。

いや、そうもいかないだろ。タンニンとしては。

最後の女の子も3年間教えてきた子でした。2年生の時の「ひらがなプロフェッショナル」で、「み」を見事に上下逆さまに書いてみせたのは彼女です。タッチバスケでは得点王にも輝きました。やっぱり、長く見てきた子は思い出が多いんです。成長して目の前に立っているのがうれしい。

彼女はずっと下を向いていましたが、「頑張ってね」と声をかけると、顔を上げてポロポロと涙を流しました。ボクもこらえ切れません。

「もう給食、給食！」

と、強引にその場を締めました。

＊

翌日の卒業の会では、みんなさっぱりした顔でした。前日に泣くだけ泣いてしまったから。きっとそれでよかったんでしょう。

卒業の会を終えた子どもたちは、ひとりひとり、父母や在校生の待つ「花道」を退場していきます。みんな、すばらしく晴れやかな笑顔で保護者とハイタッチを繰り返していきます。最後に退場したのはボクでした。びっくりするくらいたくさんの保護者が押し寄せてきて、もみくちゃになりました。みんながボクにハイタッチを求めてくれています。

本当にうれしかった。保護者のみなさんが、ボクを全面的に信じて子どもを預けてくれなければ、ボクはここまで自由にできなかったし、「世界一のクラス」を作ることもできなかった。世界一のクラスは、保護者も世界一ですから！

それにしても、一生で一度のクラスネーム発表で、ただ一人笑いを取ったのがMだったとは、もう永遠の語り草です。「持ってる」というのは、彼のことを言うのでしょう。

Mのような子は全国の学校にいて、あるいは先生の悩みのタネになっているのかもしれません。でも、そんな子がクラスの中心になることもできる。それを温かく見守った仲間たちがいる。そんなクラスを送り出すことができたのは、ボクの誇りです。

だけど　みんなちがって、みんないい
だから　自分たちを信じて進む
それが　6の1だ

「みんなちがって、みんないい」というのは、金子みすゞの詩「私と小鳥と鈴と」の最後の有名なくだりです。これを考えたのも子どもたちでした。

道しるべを渡す時間に、子どもたちも「先生に道しるべ」を書くことは、前にもお話ししました。卒業前日も全員に書いてもらいました。

Mが書いたのはひと言だけでした。そのひと言で、彼がボクのことをどう思っていたかを知ったのです。

「さらば相棒」

終章 最後にボクのホンネを言うよ

卒業の会を終えたボクは、子どもたちと一緒に教室に戻った。

「最後の授業」をするために。

＊

どうだった？　さっきの卒業の会は。

「お話が長かった」

ふむふむ。

「意味がよくわかんなくて、つまらなかった」

あれあれ。

「特に感動しなかった」

そう言うと思ったよ。ホントはみんなとのハイタッチとか、クラスネーム発表とか、うれしいこといっぱいあったと思うけど、言わないよね。でも、顔見たら、みんなが満足してるのはわかるよ。

うーん、あんまりいい思い出を語る人がいないね。せっかくの卒業の会なのにね。相変わらず素直じゃないなあ。

さて、何を話そうかいろいろ考えたんですが、みなさんに最後に言いたいことは、ふたつしかありません。

ひとつめ。

今みんなに、卒業の会どうだった？ と聞いた時、ネガティブな答えばっかりだったよね。これまで言ったことなかったけど、ボクは、ここに来る前に、ある県の短大の先生だったことがあります。ビジネス経営学というのを教えていました。学生にすごく人気があったんですよ、これでも。ボクの研究室にはしょっちゅう学生が自由に出入りして、ボクも楽しかった。でも、いろいろあって、たった1年間で終わってしまった。ボクにとっては納得できない、不本意なことでした。

でも、その時に思ったんです。

「きっと、これからいいことあるぞ！」ってね。

いろんなストレスで、毎晩ビールを飲んで、ポテトチップスばかり食べていたので、激太りして、血圧も随分高くなっていました。あのまま勤めていたら、かなり寿命が縮んでいたでしょう。

東京に帰って、塾の先生になりました。午前中は時間があったので、多摩川の土手を走り始めました。夜中のポテチはやめました。毎日走ったら痩せて、血圧も戻ったんです。

塾の先生はボクに向いていたけれど、生徒は学校の後に来るから、塾の授業は夕方から夜なんです。飲み会に行きたくても、夜の11時からしか出られない。昼の仕事をしたいなあ、と思っていたら、この世田谷小に声をかけてもらった。２００６年でした。最初はお助け程度のつもりでしたが、気がつけばもう10年。

ボクはあの時間違ってなかった。

ほら、悪いことの後に、いいことあったんですよ。今こうして、みんなの前に立っているんだから。

小学生の先生をやると、いいことと悪いことが両方いっぱいあります。例えば牛乳をこぼす子がいる。あ～あ、こんなにこぼしちゃって。その子の服も、机も床もびちゃびちゃ。やれやれ、だれが片付けるの？

でも、子どもは一度こぼさないと、こぼした後にどうすればいいか、なかなか学ばないよね。そう考えると、牛乳こぼすのも、必ずしも悪いことじゃない。

何かが起きると、すぐに嫌なことばっかり考える人がいます。

君たちの日記を読んでも、うれしいことより、つらいことを書いてくることが多いよね。わかるよ。小学生だっていろいろあるからね。でも、ものごとの悪い面ばっかり見つけていると、つまらない人生になってしまうよ。

悪いことも、見方を変えればいいことになるかもしれない。悪いことがいいことの始まりだとは思えないかな？

君たちもこの2年間、いろんな失敗してきたよね。当人は忘れたいくらい恥ずかしいことかもしれないけれど、それって実は「おいしい」と思わない？　だって、この先もずっとネタにできて、みんなで盛り上がれるんだからさ。

そういう考え方ができる人になると、人生楽しいと思うよ。

あらためて、今日何かいいことあった？

「思ったより疲れなかった」

何でだろう？

「いすにずっと座ってたから」

うん。いい姿勢だったよ、みんな。

うちのクラスって、みんな体がでかいんだよね。なぜかって言うと、ボクたちのクラスは、2年間給食を一度も残したことがないから。毎日完食がモットーだからね。給食のおねーさんたちが喜んでオマケしてくれても、みんなで協力して必ず食べ切る。そりゃ身長も伸びるよね。

でも、「××しなかったからよかった」っていうのも、実は直してほしい点なんだ。

「怒られなかったからよかった」

「失敗しなかったからよかった」

「疲れることしなかったからよかった」

みんな減点法の考え方だよね。100点が最高で、マイナス点が少なければ少ないほどいいという。でも、ボクは大人だから言うけど、減点法の人生は疲れるよ。加点法でいこう！　といって、自分に120点、150点と大甘につけるのもちょっとね。要はバランスが大事。

これからみんな中学に進んで、いずれ高校や大学受験がある。受かったとか落ちたとかいろいろあると思う。第一志望校に合格できればうれしいし、そうじゃなければガックリするかもしれないね。

でも、ちょっと考えてほしいのは、世間的に「いい学校」とか「悪い学校」って何なの？　ってこと。本当は入ってみなきゃわからない。どんなに評判がよい学校でも、自分に合わないことはあるからね。

この小学校は「いい学校」だと言われることがあります。でも、ボクたちのクラスは、いつもお行儀のいい、先生の言うことを必ず聞く、いわゆる「いい子」の集まりかな？　ボクはそう思わない。確実に言えるのは、かなり個性的な子どもの集まりだってことだね。

人間、悪いところはすぐ目に入るけれど、いいところは意識して見ないと見えないんだよね。ボクは、みんなのいいところ言えって言われたら、すぐにたくさん言えるよ。

つまり、何事にもいいところを見つけてほしいってこと。そのためには、「××しない」という**禁止語をなるべく使わないで考えてみよう。**「寝坊しないために早く寝よう」じゃなくて、「早起きしたいから早く寝よう」でいいじゃない？　「廊下を走るな」じゃなくて、「廊下は歩こう」でいいじゃない？

ふたつめ。

「ありがとう」という言葉を、もっとたくさん使おうよ。

ボクの家はマンションなので、よくエレベーターに乗るけど、ハコを降りる時に先を譲ると、だいたいみんな「あ、すいません」って言う。何で謝るの、そんなに悪い事してるんですか？（笑）そういう時は、「ありがとう」でいいじゃない。

日本の奥ゆかしい文化だとは思うんだけど、何でもかんでも「すみません」って言うの、おかしくない？　みんなこの後、お母さんやお父さんと、卒業記念の美味しいご飯を食べに行くと思う。その時考えてみてほしい。お店の店員さんを呼ぶ時、「すみませ〜ん」って言うよね。これも変じゃない？

えっ、店員さんに「ありがとう？」はもっと変？　それもそうだね。そこは「お願いしま〜

す」にしようか（笑）。

みんな、いろんな人に「ありがとう」って言ってる？

このクラスでもちゃんと言える人、そんなに多くはないよ。もちろん態度から何となく「ありがとう」を感じることはあるけれど、言葉にする人は少ないな。ボクの方がみんなに一番言ってるかもしれないよ。

ただし、丁寧すぎるのは逆効果。消しゴム拾ってくれたくらいで、「ありがとうございまーす！」って丁重に頭下げたら、かえってドン引きされちゃうからね。

最後に言いたいことはこのふたつだけ。「いいところを見つけて」と「ありがとうを言おう」。これだけです。

ボクは毎回、タンニンしたクラスが終わる時は、そのクラスが一番よかったと思ってきました。最初に２００７年度に３、４年生のクラスを持った時は、めちゃくちゃよい子どもたちに当ったなと思いました。その次、２００９年度からやはり３、４年生を持った時は、「これが世界一のクラスだ！」と思った。

その次に2年生を持った時は大変だった。休める時間が全然ないし、子どもに指示が半分くらいしか通じないし、最初は病気になるんじゃないかと思うくらいキツかったけど、１学期の運動会あたりからは、「2年生って楽しい！」と周りにも言えるようになった。ダンシング掃除を始めたのがそのクラスだったし、今ここにいる3分の1は、立派に成長したあの時の2年生なんだよね。

その次の5、6年生、君たちの2年先輩もすごくよいクラスだった。で、今のこのクラス。ボクがやりたかったことが全部できちゃった。

これ、クラスの最後の学級新聞に出ていたデータ一覧です。

花畑の花の数	202個（卒業後さらに増えた）
掃除で踊った曲の数	8曲
コンテストで受賞した人の数	16人（卒業後にさらに＋4人）
学級新聞の数	135枚＋11枚（BLA新聞）
リレーの最高タイム	20分57秒（4チーム合計）
漢字テストで最多の満点	22人
なわとび最高回数	536回
テレビに出た回数	3回
達成プロジェクトの数	130以上

――花畑の大看板の数　19枚

すごすぎる。小学6年生のクラスとして、これ、おかしくない？　テレビに3回出たとかさ。普通ありえないよ。

帝国ホテルにリムジンの卒業遠足は楽しかったね。でも、あえて言うけど、あれは君たちが一所懸命頑張ったことのオマケみたいなもの。実はたいしたことない。君たちにとってはただの通過点になるはずだから。

5年生の時から2年間、やり過ぎじゃないかってくらい漢字テストやって、計トレやって、たくさん勉強させてつらかったよね、ゴメン。ありがとう。林間学校でリレーのために神社で走り込みして、ボクも一緒に走って、運動会で優勝して、一緒に大喜びして……。

みんなのおかげで全部できちゃった。

ボクはもうやりたいことが見つからない。

黒板に移動した「花畑」を一つ一つ外していく子どもたち

今日のホンネを言うよ。

本当は、みんなと一緒に卒業したかった。

…………。

もうちょっと泣けるかと思ったら、お互いそうでもないね（笑）。

昨日、たっぷり泣いちゃったからかな。

2年間、ありがとうございました。

＊

こうして〈5代目・世界一のクラス〉を送り出したボクは、誰もいなくなった教室に一人座っている。

教室の四方を埋め尽くしていた花畑も、5チームで作った学級新聞の束も、みんなで手分けして持って帰ってもらった。子どもたちの勝利体験や成功体験に満ち溢れていた教室は、色彩の乏しい、ただのがらんとした空間に戻っている。

「こんなに壁が広かったっけ」。ボクは思わずつぶやいてしまう。

黒板には、今日のキャプテン（日直のことを、ボクのクラスではこう呼びます）の名前がまだ消されずに残っている。

明日は誰だっけ？　おっと、もういないんだった……。

クラスが飛行機ならば、タンニンは機長だ。飛行機を最初に離陸させるのはタンニンの仕事。しかし1年間のフライトを終えて空港に戻るころには、タンニンは副操縦士に降格されている。いつの間にか操縦桿を握っているのは子どもたち。

2年目は子どもたちが飛行機を離陸させる。操縦席にいる必要さえなくなったボクは、客席に移動してコーヒーなど飲み始める。再び飛行機が空港に降りた時には最後尾の席で舟をこいでいる。「お客様、もう着きましたよ？」

そうかもう着いたのか。長いようで短い旅だったなあ。

ボクはタラップを降り、飛行機だけが飛び立っていく。地上に残されたボクは、雲ひとつない青空の中をぐんぐ

「オレたちは世界一になったぜ！」

ん上昇する機体を仰ぎ見る。白い翼がきらめいて手を振っているようだ。ボクも手を振り返す。飛行機は、やがて点になって消えていく。

ここから飛び立っていった、いくつもの〈世界一のクラス〉たち。みんながそれぞれ違う、みんなが「世界に一つだけの花」。いつかまた、逢える日を待っているよ。

ボクは教室のあかりを消し、そっと扉を閉めた。

新年度、ボクは3年生のタンニンになった。

最初の授業。ボクを見つめる34人の顔は、まだ不安でいっぱいだ。

「ボクの名前は沼田晶弘です。40歳独身。みなさんと一緒にやりたいことをやっていきたいと思います」

子どもたちに自己紹介した後、ボクはきっぱりと宣言する。

「ここを、世界一のクラスにします！」

Q4

13歳の中学生。担任の先生に憧れて小学校の先生を目指しています。でも運動が得意ではないし、誰かにうまく教えられる自信もなく、なれるかどうか不安です。

担任の先生に憧れて先生になりたいなんて、うらやましいなぁ。ボクなんて今まで「ぬまっちみたいな先生になりたい」と言ってくれたのは、10年以上やってるのにたった一人しかいないよ！（笑）

さて、運動に関して言うと、ボクは子どもの前で模範演技はほとんどやりません。昔はちょっとカッコつけてやっていた時期もありますが、今やって見せるのは逆上がりくらい。自分の代わりに、運動が得意な子どもにお手本をやってもらえばいいんですよ。そうしたらその子に活躍の場もできる。先生は自分で何でもやる必要はなく、子どもが自らやるように導いていく方がいい。それでＷｉｎ—Ｗｉｎの関係が築けます。

勉強も同じで、教員採用試験は合格する必要はあるけれど、勉強できる人＝優秀な先生ではないですからね。もしそうなら、小学校の先生はみんな超一流の学業エリートだけになっちゃう。この本にも書きましたが、ボクの学生時代の成績を知れば、誰でも勇気が湧くのではないでしょうか。

人に勉強を教えるためには、「自分ができない原因はどこにあるか」を考えるクセを、今からつけるといいんじゃないかな。今ボクが子どもに推奨しているのが「4色ボールペン」を使ったノート作りです。黒は先生が書いたり言ったりしたこと、赤は大事なところ、緑はボクの場合、言葉の意味調べ（ワードバンク）に使います。ボクの授業ではどんな科目でも辞書を引きまくるから、そこで分かった意味を緑色で書きます。

最後の青が一番大事なんですが、「その時に頭に浮かんだつぶやきを何でも書いて」とボクは言っています。疑問でも感心したことでも何でもいい。「あ、先生、今授業トーク噛んだな」でも「今日は黒板の字がキレイだな」でも「授業ツマラナイ」でもいいんです。感じたこと何でも。4色の中で青だけが「自分の中から出た言葉」なんですよ。例えば授業がつまらないと感じたら、それはなぜなんだろう？　と後で考えてみる。先生の教え方のせいじゃなくて、自分がその前の授業をちゃんとわかってなかったからかな？　などと、自己分析ができるんですね。

あと、まだ中学生なのに「うまく教える自信がない」というのは、ちょっと違うかもなぁと思います。40歳過ぎたボクだって、うまく教えるなんてできません。というか、うまく教えようと思ってない。先生も子どもと一緒に学べばいいんですよ。「先生は子どもに何かを教えるもの」→「だから教え方が上手でないとなれない」という思い込みをまず取り払ってほしいな。13歳で将来の夢があるのはすばらしいこと。ぜひ、その夢をかなえてください！

コラム

ぬまっちへの質問箱

Q5

自分の教室とその周辺しか変わらないことに限界を感じ、日本の教育を根本から変える必要があると考えて研究の道に入りました。

沼田先生はずっと現場でやっていきますか？

教育と研究の関係についてどう思いますか？

少し遠まわしな答えになりますが、スポーツに例えさせてください。陸上や水泳など、個人が記録に挑戦する競技は、結果が他の選手にさほど左右されません。一方、バレーボールやサッカー、野球など、チーム同士で戦うスポーツは、個人技がすごくてもチームが勝てるとは限りません。バレーですごいクイック攻撃をしてもブロックされたらそれまでだし、へろへろの山なりボールでも相手の隙を突けば得点できるし。で、ボクが好きなのは後者の方なんです。体育だけでなく、現場の授業もこれに似ていると思っています。毎回が一期一会で、同じことをやっても二度と同じ授業にはならない。人間同士なんだから、よくも悪くも予想外のことが起こるのが授業。そこが面白い。

ボクが教育理論的なものに関心が薄いのは、それが理由かもしれない。これが医学とか科学の分野だったら、研究や理論から、新しい技術やすばらしい成果が生まれることは分かります。しかし、教育に関しては、誰か別の人が作った理論や方程式を使えば、現場の先生がすばらしい授業ができる……というのとはちょっと違うかなと思います。どうしても現場なりのアレンジが必要になるでしょうし。

この本でも紹介したアナザーゴールなど、確かに理論めいたものはボクの中にもあります。でもそこにこだわってないというのが正しいかな。ひらめき→実践→理論

（言語）化→実践→理論修正→実践→理論また修正……の無限のプロセスといいますか、最終ゴールがない。仮説や理論は実践（授業）の中でどんどん変わっていくのが当然だと思っているから。教室は異なる個性、異なる特性を持つ子どもたちの集団で、日本全国に二つと同じクラスはないわけです。やはりそのクラスのことはタンニンが一番よく知っているんですよ。だから、ボクがやっていることを、違う先生が自分のクラスでやったとしたら、まったく違う反応が返ってくるのが当たり前なんです。

だからといって「教育理論なんて役に立たない」とはボクは思っていません。ボクはボクのやり方を広く知ってほしくてこの本を書きました。ボクの授業をヒントに、誰かがうまく理論づけてくれないかとも期待しています。大学の先生とがっちり組んで、授業研究するような機会がもっと増えればいいとも思っています。

そこでの真の主役は、ボクでも大学の先生でもなく、子どもたちなんですよ。ボクのクラスの子どもたちは、「こんなに面白い授業やってるんだから、他の学校のみんなもやればいいのに！」っていつも言っていますよ。

日本の教育を変える力は、子どもたちの中にあるんです。

おわりに

アクティブ・ラーニングは魔法のコトバじゃない

「実はボク、アクティブ・ラーニングってコトバが好きじゃないんです」

こう言うと、相手はたいがいびっくりします。ボクがアクティブ・ラーニングの推進者だと、何となく思われているからのようです。でも、ボクはその後こう説明することにしています。

「learningの語義は『学んで習得する、身につける』という意味ですよね。それってすでに能動的（active）な態度を含んでませんか？　Active Learningというと、意味がくどいというかダブリ気味というか、まるで『お料理クッキング』みたいに聞こえるんですよねえ」

相手はアハハと笑って、「でも沼田さんの授業は天然アクティブ・ラーニングじゃないんですか？　そんなコトバが流行るずっと前からやっているんですから」。

なるほど、そうかもしれない。でもボクはそれをほとんど意識したことがありません。

アクティブ・ラーニングはコトバこそ新しいですが、実はそんなに新しい概念だとはボクは思いません。要は「子どもはどうすれば自分から進んで勉強するのか」という、ずっと昔からある普遍的かつ永遠の課題を、カタカナ語にしただけのように思えるからです。

これまでも小学校や中学校、高校で、意欲を持った先生がユニークな実践をいろいろ積み重ねてきました。そういう視線で探せば、その中にアクティブ・ラーニング的なものがいくらでも見つかるはずです。

有名な英語のことわざにこういうものがあります。

You can take a horse to the water, but you can't make him drink.

(馬を水辺に連れていくことはできても、水を飲ませることはできない)

最後に水を飲むかどうかは馬次第。教育を語る時によく引き合いに出されることわざです。教室で席に座らせるまではできても、本当に学びの果実を得ることができるかどうかは、子どもの意欲次第だということですね。

では「馬に水を飲ませる」にはどうしたらいいでしょうか。いろいろ考えてみましょう。

① **水をおいしくする**

② **あらかじめ喉を渇かせておく**

多くの先生が取るのが①の方法ではないでしょうか。水を甘くして「ほら、おいしいよ」と飲ませる方法です。ただ、飲んで初めてそのおいしさに気づくわけですから、飲んでくれないことには話になりません。そのために、子どもの関心を引くような話題を取り上げたり、教材を面白そうに工夫したり。それ自体は決して悪くありません。しかし、水に味をつけるだけではすぐに飽きられそうだし、そもそも喉が渇いていない馬（子ども）にはあまり効果がなさそうです。

そう考えると、②の方がはるかに効果的でしょう。水辺に連れて行く前に、どこかで運動させてたっぷり汗をかかせるのです。喉が渇いた馬は、何もしなくても自分から水を飲むでしょう。ボクが心がけているのもこれです。さらに考えてみましょう。

③　周りの勢いで一気に飲ませる

みんなで一斉にわーっと行って水を飲むのです。自分は大して喉が渇いていなくても、周りがごくごく飲んでいるとつられるものです。一緒に何かやると楽しいのは子どもに限らず人間の本能。大勢で飲むビールがうまいのと同じ理屈です。

④ 馬と馬を引いてきた人との信頼関係を深める

信頼し尊敬する相手から勧められれば、ちょっと飲んでみようかなという気になりそうです。地味ながら、高学年になるほど確かな効果を発揮します。ただし、そこまでの信頼関係を構築するまでには、なかなか時間がかかります。

ここで考えてほしいのは、馬がもう水辺にいる場合、つまり授業が始まっている場合、多くの先生には①の手段しか取りようがないことです。②を行うには授業が始まる前に十分な準備をしなくてはなりませんし、③も④も先生と子どもの日常的な信頼関係が前提になります。つまり、授業が始まる前に5割がたの勝負は決まっているのです。

どこかにすばらしい授業手法があって、チャイムが鳴った後にそれを使えば、教室がたちまちアクティブになるという「魔法」はありません。それなのに、つい目の前の「水にどんな味をつけるか」ばかりをあれこれ論じてしまうのが、現場の先生の陥りやすい罠だと思います。「アクティブ・ラーニングの指導書がほしい」というのは、「水に今すぐ味をつけるレシピがほしい」というのとあまり変わりません。

馬が水辺に到着してからでは間に合わない。**本物のアクティブ・ラーニングの花を咲かせるには、その前に種を蒔いたり、芽を育てたりする必要があります。**それは授業だけでなく、教室の運営そのものに関わってくる問題です。

「子どもたちがやりたいことをさせればいいんだろう」というのも単純すぎるでしょう。国語や社会の教科授業の中で「さあ、何でも自由に調べていいよ」「自由に議論していいよ」「好きなこと書いていいよ」と言っても、子どもはなかなか乗ってきません。

「好きにやらせた方が、アクティブになりやすい」と考えがちですが、それは授業という「枠」の中での自由に過ぎません。子どもの方はやらされ感満載です。焼肉が食べたいのに、お寿司屋のカウンターに座らされて「なんでも好きなもの食べていいよ」と言われるようなもの。これではせっかくのお寿司の味も半減です。

授業であるからには、焼肉を食べたい子どもに、お寿司を食べてもらわなければならない時もあるでしょう。お店に入る時はしぶしぶでも、出る時には「お寿司っていいよね!」「本当はお寿司が食べたかったんだ!」と感じてもらうようにできればOKなんです。

そのためには、自分から勉強したくなっちゃう、議論したくなっちゃう、作文を書きたくなっちゃうような「状況」を作ってあげればいい。ボクは自分が勉強嫌いだったので、子どもに対しても「どうせ勉強したくないんだろうなぁ」という前提で考えます。子どもに「自分から勉強したい」と思わせるためにはどうしたらいいのか。子どものモチベーションアップは、ボクが小学校の教師になった時から常に考えていることですが、それはアクティブ・ラーニングの本質を考えることと同じかもしれないと、最近思うようになりました。

さて、そんなボクと子どもたちとの1年間、いかがでしたでしょうか。1年間というのは、おわかりのように目次の上での方便で（笑）、2015年度の6年1組との付き合いは、子どもによっては3年間に及びましたし、この本には、ボクの11年間の教師生活のかなりの部分を凝縮して詰め込んだつもりです。

ボクは、自分がタンニンする子どもたちに絶対的信頼を寄せています。その力を十分に引き出せないとしたら、それはボクの責任です。「オレたちのクラスは世界一」と子どもが胸を張れるように、その自信の根拠を作ってあげたい。そうでなければ、ボク自身がその根拠になればいい。そう思ってやってきました。そして何より、ボクは自分のクラスが大好きなんです。それはこれからも変わらない、ボクの教育者としての基本姿勢です。

日本の教育は大きく変わろうとしています。しかし、その方向性はハッキリ見えているとは言いがたい。課題としていくつかのキーワードは出ています。アクティブ・ラーニングもその一つでしょうし、自己効力感、勝利体験、学び合い、ディスカッション、カリキュラム・マネジメント、リアル社会との接点、教科融合、チーム学校、英語や道徳の教科化……。すでに3割が過労死レベルと言われる先生たちの肩に、ずっしり重くのしかかっています。ボクの周囲にも、将来への不安を訴える若い先生は多いのです。

文部科学省の方々はそんな先生の声をしっかり聞いてほしいと思います。その一方、学校でも、やり方を工夫すれば、もっとできることがあるかもしれない。そのためには、「先生はこうあるべきだ」「子どもはこうあるべきだ」「学校はこうあるべきだ」……教育にまつわる、いろいろな「べきだ」を一度考え直したほうがいいんじゃないかと思っています。ボクはそのために、この本を書きました。

この本を、2015年度の6年1組の子どもたちに、I《アイ》を込めて捧げます。

この後、「おまけ」として、ボクが10代の頃の話を書きました。ボクが教師になるきっかけを作った、やんちゃな親友との物語です。

それでは、ここまで読んでくださって、ありがとうございました。

沼田　晶弘

放課後

周治とボクの物語

「沼田先生の教師としての原点は何ですか？」

よく聞かれる質問です。そしてちょっと困ってしまう質問でもあります。

「昔から子どもが好きで、教えることも大好きだから教師になったんですよ！」

こう答えられたら格好いいし、納得してもらえるのかもしれません。でもそれは本当じゃありません。ボクは無類の子ども好きというわけではないし、正直言って高い志を持って小学校教師になったわけでもないからです。東京学芸大学に入った時ですら、自分が教師になるなんてまったく想像もしていませんでした。

――ボクの教師としての原点は何だろう？

そう考える時、ボクの頭の中によみがえるひとつの光景があります。放課後のがらんとした教室。窓の外は夕暮れ。校庭から何かの部活の掛け声が響いてくる。そう、ここはボクが通っていた世田谷区立の中学校。ブレザーの制服を着たボクは教壇に立って熱心に板書をしています。教室にいるたった一人の「生徒」に教えるために。

その生徒、周治はボクの同級生です。ボクよりも大柄で、顔つきもふてぶてしく、なんとも言えない迫力を体から発散している。制服のズボンは標準よりちょっと太め。周治は学内でも有名なやんちゃ君で、ボクの唯一の親友でした。

「沼田、勉強教えてくれよ」

周治からそう頼まれたのは、中学3年生の10月でした。

周治とは小学校は別々でしたが、地元の中学に入った時に同じクラスになりました。12歳にしてすでに彼の名前は轟いていて、ただならぬオーラを周囲にまき散らしていました。強面で恐れられる一方、子分も日に日に増えていくような感じでした。あまりにその空気感がスゴイので、ボクも最初は距離を置いていました。

しかし、ボクもそれなりにやんちゃだったのです。ある日、教室の中で周治と一対一のケンカになりました。何が理由だったのかまったく覚えていません。ショックだったのは、ボクの渾身のパンチが周治にほとんど当たらなかったことです。その代わり彼のパンチがやたら痛かったことは覚えています。殴られた痛みは2、3日引きませんでした。

しかし不思議なもので、それ以来周治とは何となく仲良くなりました。

周治は授業中すぐプイと出て行ってしまうし、ムカついたら教師にも遠慮なく突っかかっていくような札付きのやんちゃでした。先生にとっては頭痛のタネだったでしょうが、一本スジの通ったところがあり、弱い者や下級生をいじめるようなことはしなかった。やりたいことをやりたいようにやるのが彼のポリシーで、先生だろうが先輩だろうが、納得いかなければキッチリものを言う。相手によって態度を変えることがない。意味もなく群れるようなこともしない。だからボクも好きで憧れていたし、一般生徒にも割と人気がありました。その代わり、敵もやたら多かったと思います。

ボクはといえばマイルドなやんちゃ君で、先生の受けはよくなかったけど、目をつけられるほどワルいことはしませんでした。周治とは格が違うので、学内ではそれほど目立ってなかったと思います。そんな二人が中学2年の終わりごろからベタベタとつるむようになりました。

「沼田とだけはまともに話ができるからなあ」と周治はよく言っていましたが、それはボクも同じだった。周治とは結局中学の3年間同じクラスで、「偶然だねえ」と笑い合っていました。毎年クラス分けの表を見て、自分と周治の名前が一緒にあるのを見つけた時、ボクはうれしくてたまらなかった。ところが、実は、「周治がおとなしく言うことを聞く相手は沼田だけだから、クラス分けで2人を離すな」という先生たちの暗黙の了解があったという噂を、ずっと後で耳にしました。

そんな周治が3年生の秋、突然ボクに言ったのです。

「オレM高受けたいんだけど、お前どう思うよ？　行けっかな？」

ボクは驚いて周治の顔をまじまじと見てしまいました。「あ、そう」としか言えなかった。

「内申取れっかな？」

「いやムリだろ！」

ボクは思わず言ってしまいました。授業を平気でサボったり、先生にも楯突いたりするザ・やんちゃ君がいい内申書なんて取れるはずがありません。そもそも内申云々の前に偏差値が足りない。周治の成績はオール3に届いていなかったはずです。M高校の学力ランクはそう高い方ではありませんが、今の周治の成績ではかなり難しいでしょう。

「どうしたらいいべかなぁ？」

周治は真剣に悩んでいます。その時、「コイツを何とかしてやりたい」という気持ちがボクの中にムクムクと沸き起こってきました。

「お前これまで全然勉強してなかったべ。やったらできんじゃね？　頭イイと思うし」

それはお世辞でもなんでもなく、本当にボクが感じていたことでした。

「じゃあ沼田、お前が教えてくれよ」

「しゃあねぇなッ」

すでに3年生の10月、放課後になるとみんなさっさと帰ってしまいます。部活を夏で引退し、高校受験のために塾に通っているからです。教室にはボクと周治の二人だけでした。ボクはノート代わりに黒板を使って周治に教えました。いや、「教える」という偉そうな気持ちはボクにはありませんでした。周治とは「一緒に勉強した」という方が正しいと思います。

「2・26事件ってたまたま2月26日に起こしたからなの？　別の日付でもよかったわけ？　じゃあバレンタインにやっとけよな！」

「ILOって何の略？　アイラブオカマとか？」

まったく不謹慎ですが、アホな中学生男子の会話なのでお許しください。こんなバカ話をしながら勉強していました。これは今でもボクの授業に生きているのですが、雑談しながら覚えた知識は意外と忘れないんです。時々「お前ら何楽しそうにやってんの？」と別の級友がやってきて、三人で勉強することもありました。テキストはもっぱら教科書と公立高の過去問でした。一緒に問題を解いて、周治が引っかかるところをボクが解説するような感じで、ボク自身もけっこう勉強になったんです。

テストの点数だけでなく内申点も上げねばなりません。それにはまず授業をサボらないことです。ダルいから授業出たくねぇと言う周治に、「授業出ねぇと内申落ちてM高行けねぇけど？」と諭すと、周治は素直に授業に出るようになりました。窓際の一番後ろが周治の席。その前はボクというのが「指定席」でした。昔はよくやった授業妨害もしなくなったばかりか、

「おい沼田、あれどういう意味かな？」と授業について後ろからボクに質問してくることが増えてきました。

ボクが思った通り、周治は根が真面目でしかも向上心がありました。

「沼田、こういうもんあるの知ってっか？」

ある日周治が自慢気に言うので、何かと思ったらリングで綴じた受験生用の暗記カードです。

「これ便利なんだよ！　すっげえ勉強しやすいんだぜ！」

知ってるよ、と言う代わりに思わず笑ってしまいました。いろいろ素行に問題がある周治でしたが、こうした一面を先生たちが知らず、知っているのがボクだけなのは不思議な気持ちがしました。

危うい時もありました。体育の授業でボクと周治が見学に回っていた時（正直サボりでしたが）、バスケの試合を見ていた周治がつい制服のままコートに飛び入りしてしまったのです。

「何やってんだ周治、お前見学だろう！」

担任でもある体育教師にとがめられ、カッとした周治がその教師につかみかかりそうになりました。ただそれには前段があり、前日に開かれた保護者会で、当時荒れ気味だった学校内のあれこれについて、周治のお母さんがさんざん責められて泣きながら帰ってきたそうです。そのやり場のない怒りが溜まっていたのでしょう。周治は口ではいろいろ言っていましたが、親思いの優しいやつでした。

「周治、手はポケット!」

思わずボクは叫びました。

「手ぇ出したらダメだ!」

その声は届いたようです。ぐっと足を止めた周治は両手をポケットに入れて、その担任をにらみつけていました。

周治との勉強会は翌年2月の受験直前まで続きました。その頃のボクはやんちゃでも成績は良かったので、担任の先生には進学校を当然のように勧められました。個人面談で「M高行きたいんですが」と試しに言ってみたら、「バカかお前は、何考えてんだ!」とさんざん怒られてしまいました。ただそれは、ボクの正直な気持ちでもあったんです。

2月の高校入試で周治は志望通りM高校を、ボクは都立戸山高校を受験しました。

合格発表は3月です。当時は生徒がいったん中学に登校し、受験した高校に集団で合格発表を見に行くのが習いでした。戸山高はボクの中学から結構遠く、歩きを入れると往復2時間くらいかかりました。一方、M高はごく近いので、周治の方がずっと早く学校に戻れるはずでした。

ボクは首尾よく戸山高に合格。中学校に戻ると、何と校門のところで周治が待っているではありませんか。

「沼田ぁーっ！　受かったーー！」

周治は拳を天に突き上げて喜んでいます。ボクも道路越しに「うおおー！」と叫びました。

自分の合格より何倍もうれしかった。

しかし実は、ボクは周治が受かることを予想していました。ボクの父はその頃学習塾を開いていたので、都立高の問題と周治の解答を採点してもらい「楽々、合格圏」と太鼓判をもらっていたからです。周治にもそれは伝えましたが、やっぱり不安だったんでしょう。なにしろザ・やんちゃ君のはじめての受験だったんですから。

「で、合格証明書は？」と、ボクは聞きました。周治はきょとんとして「は？」とか言っている。

「え、何ももらわずに帰ってきた？　発表の掲示見てきただけ？」

いや、何ともコイツらしいなと思いました。

「担任はお前に書類のこととか言わなかったの？」

「まだ報告してねえから」

周治はこういう奴なのでした。担任には興味ないから後回し。それより先にボクに報告したくてわざわざ学校で待っていてくれたのでした。「ご両親と行ったの？」と聞いたら「いや、父ちゃんも母ちゃんも『怖くて見れねえ』って言うから一人で行ってきた」と周治は言います。

「もう受かってんだから安心だろ？　ご両親と一緒に書類もらってこいや」

ボクは笑って言いました。

こうして、周治とボクは無事高校生になりました。学校が違うので、さすがに中学のようにべったりつるむことはなくなりましたが、それでも毎月1回は会って遊んでいました。定期試験前になると周治から「そっちも試験あんだろ？一緒にやろうぜ」と連絡が来ます。ハンバーガーショップで落ち合ってお互い試験勉強です。いつごろからか周治は同じ高校のガールフレンドを連れてきたり、さらに別の友だちを連れてきたりで、結構ワイワイ勉強するようになりました。

ところで、戸山高校でボクは完全に落ちこぼれていました。周囲の頭が良すぎて、授業に全然ついていけなかったんです。中学の時、ボクは勉強でそれほど努力しませんでした。試験前だけちょっと集中すれば何となくごまかせたんですね。ところが戸山高校はさすが進学校だけあって「ふだんから勉強する習慣」があって当たり前。ボクは高校生になって初めて「予習復習」という言葉を知りました。試験のたびに周治とその彼女らに勉強を手ほどきしていたボクは、自分の高校ではビリッケツでした。

何とか落第だけは免れたのは、ボクが持ち前の社交術を発揮していろんな級友からノートを借りまくったからです。ただ借りるだけでなく、級友のノートのいいところを寄せ集めて「理想的なノート」を作ってお礼したりしたからむしろ喜ばれて、その次もノートを借りることができました。その頃から要領だけはよかったんです。

特に苦手なのが英語でした。英文法の基本構造を表す「SVOC」をほとんど理解しないまま3年間過ごしました。Sって主語だっけ？　自動詞他動詞の意味もまったくわかっていなかった。英語の偏差値なんて何と27とか28でした。30を切る偏差値なんてなかなかないだろうと、今ではむしろ開き直って自慢してますが。

そんな体たらくなので大学受験もボロボロでした。第一志望は東京学芸大学でしたが、先生になりたかったわけではなく、センター試験である程度点が取れれば、2次試験は体育実技だけで入れる学部があると聞いたからです。今思えばひどい動機でした。当然のように落ちました。センター試験が半分もできなかったからです。

周治は高校生活をかなり楽しんでいたようだし、成績もよかったようです。（少しはボクのおかげ？）卒業してチェーンのドラッグストアに就職し、順調に社会人としてのスタートを切りました。一方、ボクは夢も希望もない浪人生になりました。

そんなボクを救ってくれた「恩師」に予備校で出会うことになります。

浪人生になったボクは、特に何も考えず、戸山高校卒業ってことだけで河合塾の国立大向け上級コースに入りました。これも今思うと失敗で、授業のレベルが高すぎました。基礎がないんだから、正直にもっと低い目標のコースにすべきだったのです。たちまち授業が分からなくなり、やる気を失ってしまいました。楽天的なボクもさすがにこれではマズいと思い始めました。

夏くらいに河合塾の中で「今なら間に合う　英語一から講座」みたいな特別授業を土曜に開くというチラシを配っていました。教えるのは河合塾の看板講師で美人でも知られる丹羽裕子先生。実は丹羽先生はボクの国立大上級コースでも教えていたのですが、内容が高度すぎてボクはついていけなかったのです。英語を訳した日本語さえ難しすぎてお手上げでした。

これだ、これしかない。藁にもすがる気持ちで申し込んだボクでしたが、事務局では「君のようなコースの人は取れない」と登録させてくれません。ボクは丹羽先生に直談判に行くことにしました。

「国立の難関を狙うような人は必要ない基礎的な授業だけど、何で来たいの？」

最初丹羽先生は渋い顔でした。そこでボクは、自分がいかに英語で落ちこぼれなのかを力説するハメになりました。偏差値30以下、ＳＶＯＣさえもよく分からないのだと、恥を忍んで模試の結果まで見せて懇願しました。こんなボクを救ってくれるのは丹羽先生しかいないのだと。

「あんた面白いねえ」丹羽先生はニッコリと言いました。「私にそんなこと言う学生は初めてよ」

そして少し厳しい顔になって、

「私の授業に出ていい。その代わりちゃんと予習復習して、毎回授業の前に質問を10個作ってくること。これを全部やるなら許可します。約束できる？」

ボクに否やはありませんでした。

それからは、自分の本来のコースの授業は出てもまったくわからないので、サボってまっすぐ自習室へ。土曜日の丹羽先生の授業にすべてを賭けて1週間を過ごしました。約束通り予習復習して、質問も作って、授業ではいつも一番前に座って聞いていました。先生もボクをかわいがってくれて、時々教壇からボクの方をチラッと見て、ボクがついて来ているかどうか確認してから先に進んでくれた。……いや、ただの思い込みかもしれませんが。

英語の成績は劇的に上がりました。偏差値30の金髪ギャルが1年間で偏差値を40上げて慶應義塾大学に合格したというノンフィクションが映画にもなりましたが、ボクだって偏差値30以下が倍以上の60になったんですから「ビリギャル」ならぬ「ビリボーイ」というわけです。翌年、東京学芸大学に合格しました。それ以来丹羽先生にはお会いしていませんが、ボクの恩師だと今でも思っています。

それにしても、あれほど英語ができなかったボクが後にアメリカの大学に留学し、修士まで取得したのだから、人生何が起きるかわからない。丹羽先生が知ったら一番ビックリされるんじゃないかと思います。

1月のセンター試験の直前に悲しいことがありました。周治の親父さんが肺の病気で亡くなったんです。

ボクと周治とは中学以来、家族ぐるみの付き合いになっていました。ボクの父親も周治の親父さんも海が好きで一緒によく釣りにいっていましたし、ボクのことを周治の親父さんはいつも気にかけてくれていました。「お前は頭いいんだから大学行ってくれよ！　オレの友達には大学出がいなくてな！」とよく励ましてもらったものです。

周治の親父さんの葬儀の1週間後がセンター試験でした。今でも覚えていますが、その年の国語問題は、敗戦直後、主人公の少年の父親が病気で弱って死んでゆく小説でした。これは辛かった。問題を解きながらこみ上げるものを抑えきれませんでした。この作品は三木卓の芥川賞受賞作『鶸』だったと後で調べて分かりました。

東京学芸大学を卒業したボクは1999年8月、いろいろな縁があって米ボールステイト大学へ留学することになりました。

「アメリカにいる間、一度遊びに来いよ」とボクは周治に言いました。

「いやだよ。オレ飛行機嫌いなんだ。あんなものが飛ぶなんて信じられねえ」と周治。

「まあ、帰ってきたらまた会えるしな」

「だなッ」

軽い感じで別れましたが、その時「いつでも会える」と思ったのは大きな間違いでした。次に周治と再会したのは13年もたってからだったのです。

「周治さんの名前をこの間新聞広告で見ましたよ」

毎年恒例の新年会の最中、高校の後輩からそんなことを聞いたのは2013年の正月でした。ボクは1999年のアメリカ留学以来、一時帰国しても周治にはまったく会っていませんでした。アメリカでの4年間はあっという間に過ぎ、帰国して周治の家に行ったら引っ越した後でした。ボクが渡米した時、周治はケータイを持っていなかったし、当時はパソコンも触れないような男だったのでメアド交換もしておらず、そうなると探しようがないのでした。その後ボクの家も引っ越したので、周治が訪ねてきてもやはり見つからなかったでしょう。

「周治に会いたいなあ」。2003年に帰国してから新年会のたびにボクはつぶやいていました。その後輩は一度周治に会ったことがあり、その時に強烈なインパクトを受けたのと、あまりにもボクが毎年言うものだから記憶に残っていたんでしょう。しかし彼が見た新聞広告は不動産会社のものだという。彼が就職したのはドラッグストアだったはず。同名異人かもしれません。

さっそくネット検索し、その不動産会社のホームページで周治の名前を見つけました。営業マンなので写真も付いている。かなりふくよかになっていましたが、周治に間違いありません。こんなところに手がかりがあったとは、何でもっと早く検索しなかったんだろう！　しかしとにかく周治が見つかったんです。すぐに不動産会社に電話しようとして、まだ正月休みなんだと気づきました。もどかしかった。

1月4日の仕事始めまでじりじりと待って、朝イチでその不動産会社に電話しました。

「周治さんいらっしゃいますか？」

はい少々お待ち下さい、という取り次ぎの後に「お待たせしました」と懐かしい声が聞こえました。

「もしもーし、沼田でーす」

一瞬の間があって、

「申し訳ございません。どちらの沼田さんですか？」

「S中の沼田でーす」

また少し間があって、おおおおー！　という叫びが受話器から聞こえました。久しぶり！　懐かしいな！　声変わんないな！

周治は仕事中だったので長くは話せず、さっそくメールアドレスを交換して電話を切ると、すぐにメールのやり取りが始まりました。しかし何しろ13年以上会ってなかったので妙にぎこちない。「飲みに行こう！」の直接的な一言がなかなか書けず、近々会いたいね、いつごろにしようか、という軽いジャブのようなやり取りをした後、その日はお互い空いていることがわかりました。

「じゃあ、今夜飲もう！」

周治はドラッグストアから不動産の営業に転職し元気にやっていました。この場に今から奥さんも呼ぶというのでボクは少しあわてて、

「待て待て、奥さんって、えーと……」

「お前も知ってるよ」と周治は笑いました。

奥さんとは、高校生の時ハンバーガーショップで一緒に勉強した彼女でした。男の子も一人いるとのこと。あのやんちゃだった周治が家庭を持ち、地に足をつけて生活していることがボクは本当にうれしかった。それ以来中学時代の友情がよみがえり、周治から真夜中に突然誘いの電話が来て、朝まで飲み明かすこともありました。

今思えば、もっとボクの方から誘って飲めばよかった。「これからいつでも会える」という安心感があったんですね。13年前と同じように。

その年の8月2日、ボクが居酒屋で雑誌編集者と飲み会を始めたばかりの時、携帯に周治の

奥さんから留守電が入っているのに気づきました。

「周治のことで話したいことがあります。お電話ください」

その時ボクがとっさに思ったのは、あいつまた喧嘩でもしたのかな？　ということでした。

折り返し奥さんに電話すると、「周治が自宅で倒れて救急車で運ばれた」と言う。

席に戻ると、ボクの前にさっき注文したビールが置かれました。ジョッキはキンキンに冷え、白い泡が縁からこぼれんばかりです。少し飲んでからとも思ったけれど、ボクはそれに手を付けずに立ち上がり、「申し訳ありません。親友が倒れたので、ここで失礼させてください」と編集者たちに頭を下げ、そのままタクシーで病院に向かいました。

周治の意識はすでにありませんでした。倒れたのは前の晩、原因は脳溢血でした。

ボクは病院の親友のもとに毎日通い続けました。家族が「お医者さんの説明を一緒に聞いてほしい」というので、医者に質問できるよう、夜中にネットで脳溢血についての勉強もしました。おかげで、この病気については、周治のお姉さんが「毎日レベルアップしてるね」と感心してくれるほど詳しくなりました。

周治とこんなにつるんだのは中学の時以来でした。あいつの顔をじっと見て、何かを伝えたような気もしますが覚えていません。不動産会社の同僚も見舞いに来て、「周治、起きてくれよぉ」と髪を撫でていました。

ボクはその時しみじみ思った。やんちゃだった中学や高校時代、周治の髪なんか気軽に触ったらオソロシイことになるとみんな思っていたはず。しかしあれから十数年が過ぎ、周治はこれだけ同僚から慕われるような人間に変わったわけです。周治、頑張って生きてきたんだな。ボクは胸が熱くなりました。

周治が亡くなったのは8月9日の朝5時5分です。享年37歳。あと4日で誕生日でした。

ボクは家族に付き添って徹夜で周治を看取った後、そのまま残って、退院の手続きや葬儀に関する日程調整をする奥さんをサポートしました。周治の家族を支えるためにできることは全部したかった。その時は動くのに懸命で、涙は出ませんでした。

すべてが終わって、午後一人で自宅に戻った時でした。

――たった一人の親友がいなくなった。

ボクははじめて号泣しました。泣いても泣いても涙が尽きることはありませんでした。泣き疲れて、朝までそのまま眠ってしまいました。

周治の分まで生きようとか、遺志を継ごうとか、そんなことはまったく思いませんでした。

再会した周治と居酒屋で。親友との写真はこれ1枚しかありません

ただ思い出すのは、かつて中学でやらかしたハチャメチャな日々のこと。二人ともやんちゃだった。周りに迷惑もかけた。でも楽しかった。ひたすら楽しかった。

夏が来る度に周治を偲《しの》んで杯を捧げますが、ボクは彼の墓にお参りしたことがありません。13年もたって再会できたあいつなんだから、またどこかでひょっこり会えるような気がしてならないんです。

——ボクの教師としての原点は何だろう?

中学3年の秋。放課後のがらんとした教室。窓の外は夕暮れ。校庭から何かの部活の掛け声が響いてくる。ブレザーの制服を着たボクは板書をしている。それを熱心に見ている周治。ボクがはじめて立った教壇。

きっと、これがボクの原点です。ボクは最初から教師を目指していたわけじゃありません。でも、バカ話をしながら一緒に勉強した記憶、高校に合格した時の周治の笑顔、親友の役に立てたという喜びが、ボクを自然とこの道に進ませたんじゃないか。今振り返ってそう思います。

いなくなっても、やっぱり周治はマブダチです。彼との思い出がボクにとっての「いつでも開けられる永遠のタイムカプセル」なんです。

2015年11月から2017年3月まで「読売教育ネットワーク」サイトに連載した
「ぬまっちの　世界一のクラスですから!」を元に加筆修正しました。
http://kyoiku.yomiuri.co.jp/

沼田 晶弘●ぬまた・あきひろ
1975年、東京生まれ。国立大学法人 東京学芸大学附属世田谷小学校教諭、学校図書生活科教科書著者、ハハトコのグリーンパワー教室講師。東京学芸大学教育学部卒業後、インディアナ州立ボールステイト大学大学院で学び、アメリカ・インディアナ州マンシー市名誉市民賞を受賞。スポーツ経営学の修士を修了後、同大学職員などを経て、2006年から東京学芸大学附属世田谷小学校へ。児童の自主性・自立性を引き出す斬新でユニークな授業が読売新聞「教育ルネッサンス」に取り上げられて話題に。教育関係のイベント企画を多数実施するほか、企業向けに「信頼関係構築プログラム」などの講演も精力的に行っている。著書に『「やる気」を引き出す黄金ルール』(幻冬舎)『ぬまっちのクラスが「世界一」の理由』(中央公論新社)『子どもが伸びる「声かけ」の正体』(角川新書)など。

Special Thanks to：平成27年度(2015)東京学芸大学附属世田谷小学校6年1組
『Pの変　～諸説あり～』

「変《へん》」なクラスが世界《せかい》を変《か》える！
ぬまっち先生《せんせい》と6年《ねん》1組《くみ》の挑戦《ちょうせん》

2017年7月25日　初版発行

著　者　沼田晶弘《ぬまたあきひろ》
発行者　大橋善光
発行所　中央公論新社
〒100-8152　東京都千代田区大手町1-7-1
電話　販売 03-5299-1730　編集 03-5299-1870
URL http://www.chuko.co.jp/

印　刷　三晃印刷
製　本　小泉製本

Published by CHUOKORON-SHINSHA, INC.
Printed in Japan　ISBN978-4-12-004995-8 C0037